VICTOR MOLARD

MANTES

SEINE-ET-OISE

ET SON ARRONDISSEMENT

AVEC UN PLAN

(détaché)

DE LA VILLE DE MANTES

Administration — Commerce — Industrie

Notices historiques — Statistique — etc.

PRIX : 1 FRANC 75

EN VENTE

CHEZ TOUS LES LIBRAIRES DE L'ARRONDISSEMENT

Et à Meulan

1879

U'u

SEINE-ET-OISE

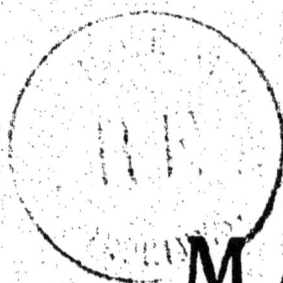

MANTES

ET SON

ARRONDISSEMENT

Le plan Manque E. W.

VICTOR MOLARD

MANTES

(SEINE-ET-OISE)

ET SON ARRONDISSEMENT

AVEC UN PLAN

(détaché)

DE LA VILLE DE MANTES

Administration — Commerce — Industrie

Notices historiques — Statistique — etc.

PRIX : 1 FRANC 75

EN VENTE

CHEZ TOUS LES LIBRAIRES DE L'ARRONDISSEMENT

Et à Meulan

1870

MAGNY-EN-VEXIN (SEINE-ET-OISE). IMP. O. PETIT ET Cie.

UN MOT AU LECTEUR !

Ce travail statistique devait porter le nom d'annuaire il en a la forme, d'ailleurs. Mais des difficultés matérielles, inutiles à exposer ici, nous ont forcé à renoncer au titre généralement adopté : rien de moins certain, en effet, que la publication d'une 2e série de ce recueil, où nous avons pu enregistrer — grâce à l'obligeant concours des chefs de services — les noms, dates, faits et renseignements relatifs aux administrations qui fonctionnent dans l'arrondissement de Mantes.

Notre intention première était de consacrer, tous les ans, quelques pages spéciales aux communes d'un canton, en dehors de ce qui concerne tout l'arrondissement. Cette revue, commencée aujourd'hui par le canton de Mantes, se serait continuée par ceux de Bonnières, de Houdan, de Limay et de Magny ; mais tant de contrariétés se sont rencontrées sur notre chemin que, volontiers, nous en resterions là de notre entreprise.

Une seule chose pourrait nous encourager : l'accueil sympathique fait par le public à un travail qui nécessitait d'assez nombreuses recherches.

Victor MOLARD, ☙ A, ✠.

Vu le grand nombre de mutations survenues dans le personnel des administrations diverses, au cours de l'impression, il est utile de se reporter, pour chaque service, au supplément placé à la fin de l'ouvrage.

SIGNES ET ABRÉVIATIONS

✻ Chevalier de la Légion d'honneur.

O ✻ Officier   id.

C ✻ Commandeur   id.

O A Officier d'académie.

O I Officier de l'instruction publique.

⊡ Bureau de Poste.

H Hameau.

E Ecart.

Ch Château.

F Ferme.

M Moulin.

TABLE

DIVISION TERRITORIALE DE LA FRANCE
avant 1789.

PAYS D'ÉTAT — PAYS D'ÉLECTION.

Avant la Révolution, la France était divisée au point de vue administratif — ou plutôt financier — en *Pays d'État* et *Pays d'Élection*.

Étaient appelées *Pays d'État* les provinces qui, par privilége spécial, répartissaient elles-mêmes, entre les habitants, les contributions annuelles. Celles, au contraire, où des *élus* avaient seuls qualité pour répartir l'impôt au nom du roi, étaient nommées *Pays d'Élection*.

Cette organisation qui remontait aux États-Généraux de 1356, fut modifiée en 1372 par Charles V qui s'arrogea le droit de nommer les répartiteurs, violant ainsi le sage principe de l'élection. Les *élus* conservèrent bien leur nom ; mais au lieu d'être choisis par les notables de la circonscription, ils ne furent plus que des délégués ou commissaires royaux.

Un décret de la Constituante, en date du 7 septembre 1790, supprima les élections et les généralités dont elles dépendaient.

Division actuelle.

DÉPARTEMENTS — ARRONDISSEMENTS — CANTONS — COMMUNES.

D'autres décrets de l'Assemblée constituante, datés des 15 janvier, 16 et 26 février 1790, et sanctionnés le 4 mars suivant par lettres patentes du roi, avaient déjà divisé la France en 83 *départements* subdivisés en *districts*, *cantons* et *municipalités*. Les districts vécurent peu : ils se trouvèrent supprimés par la Constitution de l'an III (22 août 1795) ; mais le Consulat les fit revivre sous la dénomination d'*arrondissements communaux*, et c'est de cette époque que date l'organisation administrative qui nous régit encore aujourd'hui : *département*, *arrondissement*, *canton* et *commune*.

Mantes, ancien pays d'élection de la généralité de Paris, devint chef-lieu de l'un des *cinq* arrondissements du département de Seine-et-Oise, et lui imposa son nom, ainsi qu'à l'un des cinq cantons dont il est formé. Ce n'est qu'en 1811 (loi du 17 juillet) que le département, sans s'agrandir, eut un arrondissement de plus : celui de Rambouillet ; on le fit d'emprunts à gauche et à droite. Mantes y perdit le canton de Montfort-l'Amaury.

ADMINISTRATION DÉPARTEMENTALE.

DU PRÉFET.

Chaque département est administré par un préfet, agent du gouvernement, nommé par le chef de l'État, sur la proposition du ministre

2

de l'intérieur. Le préfet est à la fois agent du pouvoir exécutif, administrateur des intérêts départementaux, et tuteur des communes. Il a auprès de lui un

CONSEIL DE PRÉFECTURE

composé de 3 ou de 4 membres, dont il est de droit le président, avec voix prépondérante. Ce conseil délibère sur certaines questions administratives et prend des *arrêtés*; en matière contentieuse, il fonctionne comme tribunal, mais sur d'autres points nettement fixés par la loi, il ne fait qu'assister le préfet auquel appartient alors, et exclusivement, le droit de statuer.

On peut en appeler — devant le Conseil d'État — des décisions du préfet et du conseil de préfecture.

DU CONSEIL GÉNÉRAL.

Le conseil général, élu pour six ans et renouvelable par moitié après trois ans, s'assemble en avril et en août au chef-lieu du département, sur la convocation du préfet, pour délibérer sur les questions qui rentrent dans ses attributions. (Voir la loi du 10 août 1871.) Les séances sont publiques, et les *votes* ou *avis* du conseil doivent recevoir, suivant leur nature, la sanction du chef de l'État, du ministre, ou du préfet.

Chaque canton nomme un conseiller général; le département de Seine-et-Oise en compte 36 : 10 pour l'arrondissement de Versailles, 5 pour celui de Mantes, 4 pour celui de Corbeil, 4 pour celui d'Étampes, 7 pour celui de Pontoise, et 6 pour celui de Rambouillet.

Pour être éligible, il faut être électeur, avoir 25 ans accomplis, et être domicilié dans le département, ou du moins y payer des contributions.

En 1877, les conseils généraux se sont réunis le 20 août ; cette session peut être considérée comme extraordinaire, quoiqu'elle ait eu lieu à l'époque réglementaire; car la session ordinaire du mois d'août, qui vient d'habitude après le vote de la loi de finances, n'avait plus sa raison d'être, ladite loi n'ayant pas été votée avant la dissolution de la Chambre. Le programme ne comportait que des questions d'urgence.

DU SOUS-PRÉFET.

Le sous-préfet a, entre autres attributions spéciales, la présidence de la commission de statistique du chef-lieu de l'arrondissement, l'instruction des affaires d'intérêt communal à soumettre à la préfecture ou au gouvernement, etc. Il autorise ou prescrit les réunions extraordinaires des conseils municipaux ; dresse le tableau de recensement en vue du recrutement; vise les états de répartition de l'impôt foncier, et transmet au préfet les demandes en décharge, etc.

Il y a un sous-préfet à la tête de chaque arrondissement. Il est nommé par le chef de l'État. Pour l'arrondissement qui porte le nom du chef-lieu du département, c'est le secrétaire général de la préfecture qui fait fonction de sous-préfet.

DU CONSEIL D'ARRONDISSEMENT.

Si le département a son assemblée (conseil général), les arrondissements ont aussi la leur, appelée *conseil d'arrondissement*, et composée d'autant de membres — au moins — qu'il y a de cantons, sans que le nombre en puisse être inférieur à neuf. Comme les conseillers généraux, les membres du conseil d'arrondissement sont élus par les citoyens portés sur la liste des électeurs *politiques* (1). Ils sont nommés pour six ans, renouvelables par moitié après trois ans, et se réunissent *avant* et *après* la session ordinaire du mois d'août, du conseil général. En réalité, ces deux réunions ne constituent qu'une seule session : dans la première, le conseil donne son avis sur les questions qui intéressent l'arrondissement; la seconde de ces réunions est consacrée au répartiment, entre les communes, du contingent des contributions directes fixé par le conseil général.

En 1877, vu le caractère spécial de la session du mois d'août du conseil général, les conseils d'arrondissement n'ont pas été convoqués.

DÉLÉGUÉS SÉNATORIAUX.

Des délégués, pris dans le sein des conseils généraux, des conseils d'arrondissement et des conseils municipaux sont appelés à nommer les sénateurs.

---

(1) L'électeur politique prend part à l'élection des députés, après six mois de résidence dans la commune.

L'électeur municipal a les droits de l'électeur politique, et de plus vote dans les élections des conseillers municipaux, d'arrondissement et généraux, pourvu qu'il ait deux ans de domicile dans la commune ou qu'il y paie une des quatre contributions.

ADMINISTRATION DÉPARTEMENTALE

686 communes ; 560,337 hectares ; 551,950 habitants
(580,180 en 1872).

PRÉFECTURE DE SEINE-ET-OISE (1re classe).

Chef-lieu : VERSAILLES.

Préfet : M. de Barthélemy, à Versailles, rue Saint-Louis, 18.
  Audiences les *mardis* et les *vendredis*, de 2 heures à 4 heures.
Secrétaire général : M. Saint-Paul, à Versailles.
  Audiences les *mardis* et les *vendredis*, de 2 à 4 heures ; et
  tous les jours, aux mêmes heures. pour les fonctionnaires.

Conseil de Préfecture.

MM. le baron de Savigny, rue de Maurepas, 14, *vice-président.*
  A. Coutant,
  Lefébure, boulevard de la Reine, 67.
  Hepp, rue des Réservoirs, 17.
Commissaires du gouvernement: MM. Saint-Paul, secrétaire général
  de la préfecture ; — Milcent, auditeur au Conseil d'État, à Paris,
  rue de Vienne, 8.
Conseiller honoraire : M. L. de Rouvray, O ✻, à Versailles, rue d'An-
  givillei, 19.
Secrétaire-greffier : M. Leroux, à Versailles, rue de la Pompe, 20.
  Séances ordinaires, les *mardis*; séances publiques, les *vendredis*,
  à une heure et demie.

BUREAUX DE LA PRÉFECTURE.

  Les bureaux sont ouverts au public le *lundi*, le *mercredi*, le *jeudi*
et le *samedi*, de 2 heures à 4 heures ; le *mardi* et le *vendredi*, de 10
heures à 4 heures.
  Pour la délivrance des passeports et des permis de chasse, pour la
légalisation et le visa des récépissés, on peut se présenter tous les
jours *non fériés*, de 10 heures à 4 heures.
Chef du cabinet : M. Anglivid de la Beaumelle.
Sous-chef : M. Boyer.

PREMIÈRE DIVISION.

Chef de la division : M. Hippolyte Robin.

Chef du 1er bureau : { Domaines, Travaux publics. } M. Salone.

Chef du 2e bureau : { Administ. communale et hospit. Instruction publique, Édifices départementaux. } M. Duchesne.

DEUXIÈME DIVISION.

Chef de la division : M. Dutilleux, licencié en droit.
Chef du 1er bureau : Administration générale, M. Arnoux.
Chef du 2e bureau : Recrutement et affaires militaires, M. Gatin.

Comptabilité et Contributions.

Chef de bureau : M. Dubisson.
Archiviste du département : M. Bertrandy, ancien inspecteur général des archives.
Architecte du département : M. A. Petit, avenue de Saint-Cloud, 41.
Imprimeurs de la préfecture : MM. Cerf et fils, rue du Plessis, 50.
Lithographes de la préfecture : MM. Cerf et fils, place Hoche 13.

Commission des Bâtiments civils.

Cette commission donne son avis sur les projets de construction ou de réparation des bâtiments, édifices, appartenant au département, aux communes ou aux hospices.

Président : M. Grille, ✳, ingénieur en chef du département.

SÉNATEURS INAMOVIBLES DE SEINE-ET-OISE.

MM. Barthélemy Saint-Hilaire, ✳, | MM. Carnot,
Calmon, ✳, | Schérer.

SÉNATEURS ÉLUS.

MM. Léon Say,
Feray, ancien député, O ✳,
Gilbert-Boucher, ✳, président du conseil général.

ÉLECTIONS DU 14 OCTOBRE 1877.

Un seul candidat à la députation : M. Lebaudy, ✳, l'un des 363.

Électeurs de l'arrondissement.

Inscrits : 16,713. — Votants : 13,517.

M. Lebaudy, ✳, a obtenu .... 8,069 voix
M. Hèvre.. 4,306
Bulletins nuls 542

13,517

Division, par cantons, des 13,517 votants.

	Électeurs inscrits	Électeurs ayant voté	Bulletins au nom de M.Lebaudy	Bulletins au nom de M. Hèvre	Bulletins nuls	TOTAL ÉGAL
Mantes....	4.131	3.476	2.149	1.207	120	3.476
Bonnières..	3.018	2.512	1.583	841	88	2.512
Houdan ...	3.650	2.851	1.706	1.010	135	2.851
Limay.....	2.436	1.918	1.218	606	94	1.918
Magny.....	3.445	2.760	2.013	642	105	2.760
	16.713	13.517	8.669	4.306	542	13.517

DÉPUTÉS DE SEINE-ET-OISE.

Mantes .... MM. Lebaudy, ✱, à Rosny-sur-Seine, et rue
d'Amsterdam, 81, à Paris, (363).

Corbeil........... Léon Renault, O ✱, rue de Castiglione, 5,
à Paris, (363).

Étampes.......... Charpentier, ✱, conseiller général, à
Versailles, rue et hôtel des Réser-
voirs, (363).

Pontoise. { 1re circ. Sénart, ancien avocat.
{ 2e — Langlois, à Paris, rue Mansart, 18, (363).

Rambouillet....... Émile Carrey, conseiller général et maire
de Vieille-Église, à Paris, rue de Tu-
rin, 13, (363).

{ 1re circ. Albert Joly, à Versailles, rue Montbau-
ron, 8, (363).
Versailles. { 2e — Journault, à Sèvres, (363).
{ 3e — Rameau, ✱, à Versailles, rue Hoche, 17,
(363).

La rentrée des chambres a eu lieu le 7 novembre.

CONSEILLERS GÉNÉRAUX DE L'ARRONDISSEMENT DE MANTES.

Canton de Bonnières. — M. Jules Michaux, ✱, maire de Bonnières ;
à Paris, rue de Châteaudun, 13.
Canton de Houdan. — M. Delafosse, maire de Houdan ; à Paris, rue
de Lille, 11.
Canton de Limay. — M. Maret, ✱, maire de Breuil ; à Paris, avenue
du général Ulrich, 6.

Canton de Magny. — M. Champy, ✳, à Bray-Lû ; à Paris, rue d'Amsterdam.

Canton de Mantes. — M. Lebaudy, ✳, député.

Le renouvellemet des membres de la 2ᵉ série sortante des membres du conseil général a eu lieu le 4 novembre 1877 ; 2 conseillers sortants : ceux des cantons de Mantes et de Magny.

M. Lebaudy, ✳, député, a été élu au 1ᵉʳ tour par 1826 voix sur 3232 votants. Électeurs inscrits, 4032.

M. Champy, ✳, a été élu au 2ᵉ tour par 1332 voix sur 2695 votants. Électeurs inscrits, 3302.

————————

SOUS-PRÉFECTURE DE MANTES (à Mantes, rue Saint-Pierre, 11)

Les bureaux sont ouverts tous les jours non fériés, de 9 heures à 11 heures, et de 2 heures à 5 heures.

Sous-Préfet : M. Léon Riffard, ✳.

Audiences tous les jours, de 9 heures à 11 heures et de 2 heures à 5 heures.

Secrétaire de la sous-préfecture : M. V.-E. Masson.

Employé : M. Eugène Pelletier.

Architecte de l'arrondissement : M. Dupuis, conducteur des ponts et chaussées, chargé du service à titre provisoire.

Liste nominative des Sous-Préfets de Mantes depuis l'an VIII.

MM. Bonnel, nommé le 19 mars 1800.

Delarue, nommé le 24 mars 1807.

Germain, nommé le 10 juin 1815.

De Roissy père, nommé le 2 août 1815.

De Roissy fils, nommé le 20 septembre 1820.

Cassan, nommé le 11 août 1830.

Le comte Malher, nommé le 13 février 1837.

Desplanques, nommé le 13 septembre 1839.

Roux, sous-commissaire, nommé le 1ᵉʳ mars 1848.

Tricotel, sous-commissaire, nommé le 23 avril 1848.

Maillard, nommé le 17 juin 1848.

Demengeot, nommé le 20 février 1849.

Du Porzou, nommé le 20 mai 1852.

Duvergier, ✳, nommé le 17 juillet 1854.

De Marcilly, nommé le 16 février 1859.

Le baron Mounier, ✳, nommé le 25 mai 1865.

Edmond Leclere, nommé le 31 janvier 1870.

Charles Vasserot, administrateur provisoire, nommé le 25 septembre 1870.

Gustave Moncel, sous-préfet, nommé le 15 mars 1871.

Léon Riffard, ✳, administrateur prov., nommé le 22 mars 1871.

— sous-préfet, nommé le 31 mai 1871.

Eugène Bathier, — nommé le 24 mai 1877.

CONSEILLERS D'ARRONDISSEMENT.

Canton de Bonnières. MM. Martin, propriétaire et maire, à Bréval.
Questel, propriétaire, à Bennecourt.

— *Houdan...* MM. Énot, agent d'assurances, à Tilly.
De Cissey, propriétaire, à Septeuil.

— *Limay ...* M. Leblanc, notaire, à Limay.

— *Magny ...* MM. Revelle, élu au 2e tour (11 novemb. 1877) par 1,385 voix. (Inscrits 3,302 élect.).
Trognon, élu au 1er tour (4 novemb. 1877) par 1,515 voix.

— *Mantes...* MM. Léguay, élu au 2e tour par 1,681 voix. (Votants 3,066, inscrits 4,032).
E. Vivier, élu au 2e tour par 1,524 voix.

Le renouvellement de la 2e série sortante des conseillers d'arrondissement a eu lieu le 4 novembre 1877 ; il portait sur les conseillers de Mantes et de Magny.

COMITÉ CONSULTATIF DE L'ARRONDISSEMENT POUR LES AFFAIRES CONTENTIEUSES.

MM. Voland, juge suppléant, ancien maire de Mantes.
Hébert, notaire, à Mantes.
Petel, ancien greffier du tribunal de Mantes.

Ce comité donne son avis sur les affaires contentieuses qui pourraient entraîner les communes et les établissements de bienfaisance dans des contestations judiciaires. Il siège au chef-lieu de l'arrondissement. (*Décret du 21 frimaire an XII.*)

TABLEAU

DES COMMUNES DE L'ARRONDISSEMENT

DES HAMEAUX, ÉCARTS, FERMES,
CHATEAUX, ETC., AVEC LEUR POPULATION,
LE NOM DES CANTONS, DES ANCIENS PAYS D'ÉLECTION
ET DES GÉNÉRALITÉS.

JANVIER 1878.

N. B. P, Paris; — R, Rouen; — M, Mantes; — Mg, Magny
H. Houdan; — B, Bonnières; — L, Limay.

NOMS des COMMUNES	Population	NOMS DES CHATEAUX TERRES, ÉCARTS HAMEAUX, MOULINS, ETC.		Leur population	Nom du canton	Pays d'élection	Généralité
		Coudray (le)........	h.	15			
		Dantannerie (la)...	h.	19			
		Freville............	h.	30			
		Genêts (les)........	h.	18			
		Jaunière (la).......	h.	89			
		Jaunière (la Basse).	h.	33			
		Mesle (le)..........	h.	102			
Adainville..	497	Mont-Rôti (le).....	é.	2	H	Montfort-l'Am.	P
		Noue (la)... ch. et	h.	26			
		Pilonnerie (la).....	h.	20			
		Policerie (la)......	é.	3			
		Saint-Thibault.....	h.	11			
		Sergontières (les)...	h.	23			
		Tuilerie (la).......	h.	8			
		Vallée des Saules (la)	h.	8			
Aincourt...	425	Brunel.............	f.	9	Mg	Chaum. et Magny.	R
		Buccaille (la)......	é.	19			
		Lesseville..........	h.	55			
		Moulin-à-Tan (le)..	é.	3			
Ambleville.	423	Pont-Rû...........	é.	6	Mg	Ch. Mag.	R
		Vaumion (le).....	h.	149			
		Beauregard........	h.	38			
		Chesnay (le).......	f.	14			
		Malgardé (le)......	h.	14			
		Mauvérangt (le)...	h.	29			
Amenucourt	207	Pont-aux-Vaches(le)	f.	3	Mg	Ch. Mag.	R
		Roconval (le Grand)	h.	75			
		Roconval (le Petit).	h.	14			
		St-Leu (ou Frocourt)	h.	5			
		Val-Perron (le)....	f.	6			
Andelu....	160				M	Mantes	P
Arnouville.	531	Saint-Léonard.....	h.	19	M	Mantes	P
Arthies....	256	Feuge (la).........	h.	5	Mg	Ch. Mag.	R
		Tuilerie (la).......	h.	4			
Arthieul...	338	Arthieul (le Petit)..	h.	55	Mg	Ch. Mag.	R
		Bureau (le moulin de)	m.	6			
		Velannes-la-Ville...	h.	47			
Auffreville.	248	Bourgognes (m. des)	m.	10	M	Mantes	P
		Brasseuil..........	h.	80			
		Haie-Boulland (la)..	é.	8			
		Porte-des-Prés (la) .	é.	9			
Bointhelu..	172	Plessis....... ch. et f.		11	Mg	Ch. Mag.	P

NOMS des COMMUNES	Population	NOMS DES CHATEAUX FERMES, ÉCARTS HAMEAUX, MOULINS, ETC.		Leur population	Noms du canton	Pays d'élec- tion	Généralité
Bazainville.	493	Bœuf couronné (le).	é.	21			
		Bon-Avis	h.	22			
		Breuil (le)	h.	16			
		Franc-Moreau (le).	f.	9			
		Gassey (le)	h.	20			
		Giboudet (moulin de)	m.	4			
		Guignonville	h.	50	H	M.-l'Am.	P
		Launay (ferme de).	f.	10			
		Lièvre (le)	h.	29			
		Lion-d'Or (le)	h.	24			
		Pavé (le)	h.	18			
		Quatre-Piliers (les).	h.	13			
		Vallée-des-Fosses (la)	h.	57			
Bennecourt	729	Gloton	h.	286	B	Ch. Mag.	R
		Tripleval.	h.	149			
Blamécourt.	378	Philipponville	h.	15	Mg	Ch. Mag.	R
		Saint-Jacques	h.	18			
		Velannes-le-Bois.	h.	35			
Blaru	572	Buisson (le)	h.	22	B	Mantes.	P
		But (le)	h.	84			
		Butte-aux-Férets (la)	h.	9			
		Chêne-Godon (le)	h.	28			
		Chenet (le)	h.	99			
		Chevrie (ferme de).	f.	5			
		Colombier (ferme du)	f.	6			
		Courcaille	é.	11			
		Delaunais (les)	h.	3			
		Mare-Boinville (la).	h.	12			
		Mare-Grimoult (la).	h.	8			
		Maulu	h.	33			
		Métreaux (les).	h.	75			
		Saussaie (ferme de la)	f.	12			
		Val (le)	h.	10			
Boinville	242				M	Mantes.	P
Boinvilliers.	198	Binaux (les)	h.	10	M	Mantes.	P
Boissets	232	Mahauderie (la)	h.	55	H	Dreux.	P
		Tasse (la)	f.	4			
		Vallée (la)	h.	17			
Boissy-Mau- voisin.	111	Belle-Côte	h.	201	B	Mantes.	P
		Bléry	h.	40			
		Folie-Panier (la)	h.	11			
		Fonte-aux-Abbés (la)	f.	5			
		Hallot	é.	3			
		Poirier-Godard (le)	h.	12			

NOMS des COMMUNES	Population	NOMS DES CHATEAUX FERMES, ÉCARTS HAMEAUX, MOULINS, ETC.		Leur population	Nom du canton	Pays d'élection	Généralité
Bonnières (chef-lieu de canton)	930	Aventure (l')......	é.	3	B	Mantes	P
		Boissière (la)......	é.	5			
		Guinets (les)......	h.	60			
		Mesnil-Renard (le).	é.	16			
		Morvent.........	h.	40			
		Vallée-aux-Angots (la)	h.	23			
Bourdonné..	532	Aulnaie (l').......	h.	25	H	M.-l'Am.	P
		Bon-Repos........	é.	6			
		Château (le)......	é.	1			
		Chaudejoute......	h.	35			
		Coin-du-Bois (le),..	é.	5			
		Cour-des-Haies (la)	h.	17			
		Haies (les)......	h.	98			
		Hallier (le).......	h.	29			
		Hermeray	h.	38			
		Recoin	h.	36			
Bray et Lû..	313	Lû	h.	10	Mg	Gisors.	B
		Pont-Rû.........	h.	15			
		Saint-Louis	h.	48			
Breuil-Bois-Robert...	301	Bois-Robert.......	h.	12	M	Mantes.	P
Bréval......	586	Bossus (les)......	h.	31	B	Mantes.	P
		Buthorne (la).....	h.	12			
		Butte (la)........	h.	36			
		Clos-Voisin (le)....	é.	7			
		Devins (les).......	é.	5			
		Folie-Panier (la)...	h.	11			
		Fontaine-Menoult (la)	h.	5			
		Gamacheries (les)..	h.	38			
		Hamel (le)........	h.	69			
		Justice (la).......	h.	20			
		Loges (les) ou le Parc	h.	22			
		Scellée (la)	h.	21			
		Tiron	h.	26			
Breuil......	307	Chôtarde (la)......	m	8	L	Mantes.	P
		Haubert (moulin du)	m.	6			
		Malmaison (la).....	é.	11			
		Saint-Laurent	é.	8			
Buchelay...	305				M	Mantes.	P
Buhy.......	310	Buchet...........	h.	166	Mg	Ch. Mag.	B
		Norée (la) anc. fil. n. hab.		»			
		Usine (l')........	é.	6			
Chapelle (la)	175				Mg	Ch. Mag.	B
Charmont .	50	Saint-Antoine....	é.	2	Mg	Ch. Mag.	B

NOMS des COMMUNES	Population	NOMS DES CHATEAUX FERMES, ECARTS, HAMEAUX, MOULINS, ETC.		Leur population	Nom du canton	Pays d'élection	Généralité
Chaufour...	196				B	Mantes	P
		Bergerie (la)......	f.	4			
		Boncagny.,.......	h.	20			
		Comté (la)........	h.	52			
		Convent (le)......	h.	10		Chaum.	
Chaussy ...	818	Culfroid.........	h.	10	Mg	et	R
		Essarts (les).....	h.	2		Magny	
		Haute-Souris......	h.	101			
		Méré...........	h.	27			
		Parc-de-Villarceaux(le)h.		25			
		Villarceaux	h.	80			
Chérence ..	234	Bézu..........		3	Mg	Ch. Mag.	R
		Brissière (la)......	h.	10			
		Buisson (le)......	h.	25			
Givry-la-Forêt ..	232	Cabaret (le)......	m.	3	H	Mantes	P
		Picotière (la).....	h.	61			
		Plainière (la).....	h.	4			
		Tuilerie (la)......	é.	8			
		Breuil (le)......	h.	32			
		Chesnaye (la).....	é.	11			
		Christinière (la)....	é.	13			
Condé-sur-Vesgre ..	425	Colonie (la)......	é.	18	H	Monfort-l'Am.	P
		Gué Porcherel (le).	é.	12			
		Hallier (le) et Poulemp h.		111			
		Phalanstère (le)....	é.	8			
		Pillaiserie (la)....	h.	34			
Courgent . ,	149	Bas-Courgent......		70	H	Mantes	P
		Haut-Courgent.....		79			
		Bourdonnerie (la)..	h.	43			
Cravent	232	Carrières (les)....	h.	11	B	Evreux	R
		Longuemare	h.	18			
		Val-Comtat (le)....	h.	32			
Dammartin .	631	Garel.............	f.	8	H	Mantes	P
		Gressaye (la)......	f.	12			
		Bouillère (la)......	f.	9			
Dannemarie ..	87	Dollainville.. ch. et f.		43	H	Monfort-l'Am.	P
		Héricourt........	m.	8			
Drocourt , ..	240			4	L	Ch. Mag	R
		Barrière-du-Paitis (la) é.		4			
		Château et Ferme..	é.	10			
Epône....	800	Moulin d'Epône (le)	m.	23	M	Mantes	P
		Station et Laiterie..	h.	12			
		Velannes	h.	74			
		Villeneuve (la)....	é.	4			

NOMS des COMMUNES	Population	NOMS DES CHATEAUX FERMES, ÉCARTS HAMEAUX, MOULINS, ETC.	Leur population	Nom du canton	Pays d'élection	Généralité
Falaise (la).	197	Bec-de-Géline ..... h.	3	M	Mantes.	P
		Château de la Falaise ch.	10			
		Maremalaise (la)... é.	4			
		Tanqueue .... h.	37			
Favrieux.. .	98	Héloins (les)...... h.	9	B	Mantes.	P
Flacourt.. .	91	Longs-Champs (les). h.	4	M	Mantes.	P
		Meslins (les)....... é.	9			
Flins-Neure-Eglise. . .	100			H	Mantes.	P
Follainville..	608	Dennemont .... h.	218	L.	Mantes.	P
Fontenay-Mauroisin . .	181			B	Mantes.	P
		Bolbeauville ...... h.	11			
		Chandelette (la). quart.	23			
		Corvéo (la) ...... q.	6			
		Croix (la)........ q.	71			
		Grande-Vallée (la). q.	79			
		Grand-Pré (le)..... é.	5			
		Mairie (la)....... q.	12			
Fontenay-Saint-Père. .	610	Meillet (le)........ h.	12	L.	Mantes.	P
		Ménil (le)........ ch.	33			
		Moussel (le)....... q.	66			
		Moutier (le)....... q.	152			
		Petite-Vallée (la)... q.	11			
		Rues (les) .... q.	87			
		Saussay (le)....... q.	40			
		Tilleuse (ferme de la) é.	2			
Freneuse . .	554	Voie-aux-Vaches (la) é.	9	B	Ch. Mg.	L.
		Bois-de-la-Ferme .. h.	12			
		Boissard .... é.	6			
		Boulay (le)....... h.	120			
		Boyauville .... é.	4			
		Bruyères (les) ..... h.	125			
		Etang (l')........ h.	14			
		Ferme-des-Bois (la) h.	25			
Gambais. . .	909	Germanie.......... é.	10	H	M. l'Am.	P
		Goupigny........ h.	73			
		Grésillons (les)..... h.	21			
		Grasse-Haie (la) ... é.	2			
		Guérinoterie (la)... h.	39			
		Mocqsouris........ h.	16			
		Montmusset .... h.	7			
		Neuville (château de) é.	8			
		Neuville (ferme de). é.	4			

NOMS des COMMUNES	Population	NOMS DES CHATEAUX FERMES, ÉCARTS HAMEAUX, MOULINS, ETC.		Leur population	Nom du Canton	Pays d'élection	Généralités
Gambais (suite)		Olivet (ferme d')...	é.	20			
		Olivet (moulin d')..	é.	7			
		Perdreauville	h.	96			
		Pideaux (les)......	h.	31			
		Pré (le)	é.	5			
		Quatre-Piliers	h.	44	H	M.-l'Am.	P
		Raconis	h.	13			
		Recoin	h.	7			
		Saint-Aignan	h.	6			
		Saint-Côme	h.	59			
		Taravisé.........	é.	5			
Gargenville..	611	Clos Bréon.......	f.				
		Hannencourt......	h.				
		Montalet.........	f.		I.	Mantes	P
		Rangiport........	h.				
Gassicourt...	347	Cité Buddicon et gare de Mantes	cité	101			
		Route-de-Rosny....	é.	26	M	Mantes	P
		Usine et St-Jacques	é.	5			
Genainville..	389	Bretêche (la)	f.	9			
		Moinerie (la)	h.	2	Mg	Ch.-Mg.	R
		Petit-Moulin (le)...	h.	7			
		Vieux-Moulin (le)..	h.	8			
Gommecourt	488	Clachaloze........	h.	170	B	Ch.-Mg.	R
Goussonville	216	Canada...........	h.	14	M	Mantes	P
		Vallée (la)	h.	12			
Grandchamp	175	Bouleaux (les).....	h.	21			
		Breuil (le)........	h.	20			
		Champaux	f.	7			
		Curé	h.	40	H	M.-l'Am.	P
		Fourneaux (les)....	é.	7			
		Maison-Blanche (la)	é.	4			
		Moulin-à-Vent (le)..	m.	1			
		Paincourt.........	h.	68			
Gressey....	377	Brunel...........	h.	35	H	Mantes	P
		Mare (la)	h.	18			
Guernes.. .	478	Flicourt (ferme de).	f.	9	I.	Ch.-Mg.	R
		Passage-du-Bac....	é.	4			
		Fresnel..........	h.	66			
Guerville.. .	714	Grosmoulu........	é.	9			
		Moulin-des-Gois....	é.	2	M	Mantes	P
		Plagne...........	h.	137			
		Senneville	h.	235			
Guitrancourt	296	Bothcauville........	é.	8	I.	Mantes	P

NOMS des COMMUNES	Population	NOMS DES CHATEAUX, FERMES, ÉCARTS, HAMEAUX, MOULINS, ETC.		Leur population	Nom du canton	Pays d'élection	Généralité
Hargeville..	140	Milhérou.........	é.	3	H	M.-P..	P
Haute-Isle..	130	Chantemesle......	h.	79	Mg	Ch.-Mg.	R
Hauteville (la)	313	Épinette (l').......	h.	122	H	Dreux	P
Hodent.....	226	Jalousie (la).......	é.	10	Mg	Ch.-Mg.	R
		Pont-d'Hennecourt.	é.	16			
		Forêt (la).........	h.	35			
Houdan (chef-lieu de canton)	2018	Maison-Guitel......	h.	16	H	M.-l'Am.	P
		Maulette..........	m.	4			
		Moulinart.........	é.	4			
Issou.........	289				L	Mantes	P
		Bout-Denise (le).....	h.	5			
		Bout-d'en-Haut (le).	h.	45			
		Bout-Guyon (le)....	h.	22			
		Grand-Damply.....	h.	16			
Jambville...	211	Hazay (le).........	f.	5	L	Mantes	P
		Hériquet (le)......	h.	19			
		Naquets (les)......	h.	41			
		Petit-Damply (le)...	h.	16			
		Pissotte (la).......	h.	8			
		Roches (les).......	m.	3			
		Coursières (les)....	h.	33			
		Coutumes (les)....	h.	56			
		Déserts (les).......	é.	8			
Jeufosse......	318	Graviers (les)......	é.	8	B	Mantes	P
		Haie-de-Béranville (la)	h.	105			
		Marcets (les)......	é.	2			
		N.-Dame-de-la-Mer.	h.	41			
		Vallée-aux-Augots (la)	é.	9			
Jouy-Mauvoisin.........	92				B	Mantes	P
Jumeauville.	116	Clos-de-Pierre (le).	h.	20	M	Mantes	P
		Logis (le).........	f.	8			
		Ablemont..........	h.	110			
		Apremont	h.	48			
		Aumont	h.	92			
		Bourg (le).........	h.	24			
Juziers	800	Chartre (la).......	h.	69	M	Mantes	P
		Fontaine (la)......	h.	32			
		Granges (les)......	f.	6			
		Juziers-la-Rivière..	h.	63			
		Marais (le)........	h.	91			
		Mesnil (le)........	h.	11			
Lainville	288	Bonnes-Joies (les)..	h.	42	L	Mantes	P
		Bruyères (les).....	h.	56			

NOMS des COMMUNES	Population	NOMS DES CHATEAUX FERMES, ÉCARTS HAMEAUX, MOULINS, ETC.		Leur population	Nom du canton	Pays d'élection	Généralité
Lainville (suite)		Routemonts (les)...	é.	7			
		Chayets (les) ...	h.	6	L	Mantes	P
		Négrimont	f.	9			
Limay (chef-lieu de canton)	1373	Célestins (les)	h.	21			
		Noussets (les)......	é.	5	L	Mantes	P
		Saint-Sauveur	é.	1			
Limetz	591	Moulin-de-Limetz (le)	é.	6			
		Moulin-de-Villez (le)	é.	2	B	Ch.-Mg.	R
		Rivières-de-Bas (les)	é.	15			
		Villez	h.	196			
Loumoye....	417	Mellotterie (la).....	h.	11			
		Mesnil-Guyon (le)..	h.	145	B	Mantes	P
		Mondéterie (la)....	h.	93			
		Tuilerie (la).......	h.	79			
Longues......	789	Entre-les-Bois.....	h.	102			
		Fortelle (la).......					
		Haie-Montaise (la)..	h.	68	H	Mantes	P
		Mirbel					
		Heurteloup (gr. et pet.)	h.	78			
		Petit-Tertre (le)...	h.	38			
Magnanville .	139				M	Mantes	P
Magny (chef-lieu de canton)	2028	Roves (les) .. ch· et	h.	11			
		Planche (la).......	m.	12	Mg	Ch.-Mg.	R
		Vernouval........	m.	4			
Mantes (chef-lieu d'arrondissement et de canton)	5649				M	Mantes	P
Mantes-la-Ville.	990	Chantereine.......	h.	48			
		Chemin-du-Halage .	h.	16			
		Cordeliers (les)....	h.	13	M	Mantes	P
		Pont-de-Magnanville	é.	16			
		Route-de-St-Germain	é.	4			
Maudétour. .	169	Mézières..........	f.	6	Mg	Ch.-Mg.	R
		Tertre (le)........	h.	26			
Maulette. . .	308	Bois-l'Epicier (f. du)	f.				
		Feucherolles.......	é.				
		Folie (la).........	h.				
		Moc-Souris........	h.				
		Mons.............	f.	160	H	M.-l'Am.	P
		Porte-d'Epernon...	h.				
		Tapis-Vert	é.				
		Thionville	f.				
		Vaux	m.				

NOMS des COMMUNES	Population	NOMS DES CHATEAUX, FERMES, ÉCARTS, HAMEAUX, MOULINS, ETC.		Leur population	Nom du canton	Pays d'élection	Généralité
Ménerville...	107	Bel-Air............	é.	11	B	Mantes	P
		Boquets (les).......	h.	28			
		Chicoterie (la).....	h.	6			
		Demonderie (la)...	h.	11			
		Gats (les)..........	h.	13			
		Hallot............	h.	5			
		Saint-Blaise.......	m.	5			
		Saint-Caprais......	é.	7			
Méricourt....	139				B	Ch.-Mg.	R
Mézières.....	870	Canada	h.	21	M	Mantes	P
		Chauffour.........	h.	105			
		Fondis (les).......	h.	6			
		Grand'Rue (la)....	h.	33			
		Villeneuve (la)....	h.	112			
Moisson	504	Lavacourt	h.	133	B	Ch.-Mg.	R
		Vacherie (la)......	é.	13			
Mondreville.	162	Moulin-à-Vent	é.	5	H	Mantes	P
		Noue (la)	h.	64			
		Pré-Fermé.........	é.	9			
Montalet-le-Bois......	170	Damply..	h.	20	L	Mantes	R
		Férets (les)........	h.	28			
Montchauvet.	348	Caruette	f.	9	H	Mantes	P
		Chederne.........	h.	16			
		Épied (l')	m.	6			
		Moulin de Montchauvet (le).....	m.	3			
		Trois-Fontaines (les) ch. et f.		»			
Montreuil....	315	Ancicourt.........	h.		Mg	Ch.-Mg.	R
		Copierres.........	h.				
Mousseaux...	230				B	Ch.-Mg.	R
Mulcent	71	Mare-aux-Clercs (la)	é.	3	H	Mantes	P
Neauphlette.	249	Annaie (l')........	h.	60	B	Mantes	P
		Beaulieu	h.	25			
		Coignet (le).......	é.	23			
		Couanle (la),......	h.	47			
		Haie-Montaise (la)..	é.	8			
		Loges (les)........	h.	57			
		Saint-Blaise.......	f.	8			
Oinville.......	503	Dalibray	h.	20	L	Mantes	P
		Noines (les)........	é.	4			
		Moulin-Brûlé (le)...	m.	4			
		Moulin-Gaillard, fabriq..		4			

NOMS des communes	Population	NOMS DES CHATEAUX FERMES, ÉCARTS HAMEAUX, MOULINS, ETC.		Leur population	Nom du canton	Pays d'élection	Généralité
Omerville ...	115	Amiel	m.	3	Mg	Ch.-Mg.	R
		Gerville	é.	12			
		Louvières, ...	é.	12			
		Mesnil (le)	h.	26			
		Pont-d'Hernecourt .	h.	71			
Orvilliers	381	Favières	h.	61	H	Mantes	P
		Moulin-à-Vent (le)..	é.	7			
		Roche (la)	h.	10			
Osmoy........	179	Moutier (le)	h.	36	H	Mantes	P
		Pavillon (le).......	f.	9			
Perdreauville	351	Apremont..........	h.	90	B	Mantes	P
		Belle-Côte (la).....	h.	48			
		Beuron...........	ch.				
		Blaru	f.	4			
		Butte (la)........	h.	33			
		Gaudimont........	h.	31			
		Haussepied	h.	12			
		Mare-la-Forge (la)..	h.	23			
		Perdreauville (le petit)	h.	4			
		Sevestres (les).....	f.	9			
		Vallée (la)........	h.	9			
		Verrière (la).......	h.	17			
Porcheville..	216				L	Mantes	P
Port-Villez...	183	Chêne-Godon (le)..	h.	12	B	Mantes	P
		N.-Dame-de-la-Mer .	h.	18			
		Val (le)...........	h.	40			
Prunay-le-Temple.	197	Rolanderie (la)....	h.	27	H	Mantes	P
Richebourg..	510	Bourgonnets (les).	h.	87	H	M.-l'Am.	P
		Four-à-Chaux et Tuilerie	é.	16			
		Juiverie (la).......	h.	101			
		Passage-à-Niveau (le)	é.	7			
		Renonville........	m.	3			
		Sault............	h.	106			
		Troche (la)........	f.	4			
Roche-Guyon (La)	710				Mg	Ch.-Mg.	R
Rolleboise ...	229	Demi-Lune (la).....	é.	9	B	Ch.-Mg.	R
		Grand'Route (La)..	é.	5			
		Mare-aux-Bœufs (la)	é.	7			
Rosay........	270	Bas-Rosay (le)....	h.	107	M	Mantes	P
		Bocquet (le)	h.	11			
		Foulons (les......	m.	4			

NOMS des COMMUNES	Population	NOMS DES CHATEAUX FERMES, ÉCARTS HAMEAUX, MOULINS, ETC.		Leur population	Nom du canton	Pays d'élection	Généralité
Rosay (suite)		Grotte (la)	h.	65			
		Petits-Billeux (les)	h.	8	M	Mantes	P
		Saint-Corentin	h.	75			
Rosny	675	Buissons (les)	h.	21			
		Clos-Brocart (le)	é.	2			
		Huit-Routes (les)	f.	10	M	Mantes	P
		Malassis	f.	9			
		Vallée-des-Prés (la)	h.	4			
		Vieilles-Fosses (les)	é.	3			
Sailly	183	Moncient-Fontaine	é.	12	L	Mantes	P
		Beaujardin	h.	31			
Saint-Clair-sur-Epte.	516	Breuil (le)	h.	122			
		Fayel (le)	é.	8	Mg	Gisors	R
		Héloy (le)	h.	22			
		Marais (le)	é.	3			
Saint-Cyr-en-Arthies.	221	Ravenelles (les)	h.	25	Mg	Ch.-Mg.	R
Saint-Gervais	648	Archemont	h.	125			
		Ducourt	h.	31			
		Etrez	h.	105	Mg	Ch.-Mg.	R
		Gueptaut	h.	9			
		Magnitot	h.	31			
		Petit-St-Gervais (le)	h.	13			
Saint-Illiers-la-Ville.	175	Angers (les)	h.	5			
		Colichonnerie (la)	h.	13			
		Gâts (les)	h.	10	D	Mantes	P
		Inchelin	h.	17			
		Pelleray (le)	h.	4			
Saint-Illiers-le-Bois.	309	Presbytère (le)	é.	3	B	Evreux	R
Saint-Martin-des-Champs.	250	Corbeville	h.	46			
		Elleville	h.	111	H	Mantes	P
		Fontenelle	h.	9			
		Tuilerie (la)	é.	6			
Saint-Martin-la-Garenne.	498	Coudray (le)	h.	21			
		Désirée (la)	h.	9			
		Herville	f.	4	L	Ch.-Mg.	R
		Sandrancourt	h.	121			
		Ville-de-Cléry (la)	h.	18			
		Ville-Neuve (la)	h.	19			
Septeuil	987	Bilheux (les)	h.	25			
		Charbonnières	f.	4	H	Mantes	P
		Chardonneret (le)	f.	2			
		Dames (les)	m.	4			

NOMS des COMMUNES	Population	NOMS DES CHATEAUX, FERMES, ÉCARTS, HAMEAUX, MOULINS, ETC.		Leur population	Nom du Canton	Pays d'élection	Généralité
Septeuil (suite)		Dancourde (la),.....	é.	499	H	Nantes	P
		Dancourt	h.	498			
		Graviers (les)	h.	13			
		Gredeux (les)	h.	11			
		Groux (les)	h.	15			
		Maison-Rouge (la)..	é.	8			
		Pampoux	f.	4			
		Plains (les)	h.	56			
		Saint-Corentin	h.	21			
		Seigneurie (la).....	m.	1			
		Tannerie (la)	h.	28			
		Tournelle (la)	h.	9			
		Trois-Fontaines (les)	h.	9			
		Tuilerie (la)	é.	15			
Noindres.....	230	Beaurepaire........	h.	9	M	Nantes	P
Tartre-Gaudran (Le)	22	Queue-Noire (la)...	é.	6	H	Dreux	P
		Tuilerie (la)	é.	7			
Tertre-Saint-Denis (Le)	117	Brocès	h.	25	B	Nantes	P
Thionville-sur-Opton.	40	Château (le)	ch.	3	H	M.-l'Am.	P
		Ruisseaux (les).....	é.	6			
Tilly..........	360	Chemin-Creux (le)..	h.	47	H	Nantes	P
		Haute-Borne (la)...	h.	27			
		Millerus (les)	h.	10			
		Moulin-à-Vent (le)..	h.	21			
		Saint-Laurent	h.	65			
Vert....	331	Marais (le)........	h.		M	Nantes	P
Vétheuil......	567	Cro..ière (la)	é.	5	Mg	Ch.-Mg.	R
		Dans-les-Côtes.....	é.	2			
Vienne-en-Arthies.	363	Chaudry..........	h.	73	Mg	Ch.-Mg.	R
		Fabrique (la)	é.	7			
		Millonnets (les)....	h.	115			
Villeneuve-en-Chevrie (La)	496	Aventure (l')	h.	27	B	Nantes	P
		Baliquet (le).......	h.	16			
		Bois-du-Chêne.....	h.	11			
		Bout-aux-Epines (le)	h.	25			
		Cholet (le)	h.	35			
		Ferrières (les).....	é.	8			
		Gastines (les)......	h.	16			
		Grosse-Borne (la)..	é.	3			
		Mare-des-Plards (la)	h.	23			
		Marcets (les)	h.	18			
		Mollières (les).....	h.	10			
		Poirier-du-Siége (le	é.	3			

NOMS des COMMUNES	Population	NOMS DES CHATEAUX FERMES, ÉCARTS HAMEAUX, MOULINS, ETC.		Leur population	Nom du canton	Pays d'élection	Généralité
Villeneuve-en-Chevrie (La) (suite)		Tasses (les)	h.	25	B	Mantes	P
		Vivier (le)	h.	5			
Villers-en-Arthies.	531	Cavières (les)	h.	18	Mg	Ch.-Mg.	R
		Chaudrais	h.	18			
		Goulée (la)	h.	62			
		Grand-Chemin (le)..	é.	26			
		Grenouillère (la) ...	é.	5			
		Mares (les)	é.	38			
		Saint-Léger	é.	9			
		Tremblay (le)	h.	33			
		Villeneuve (la).....	h.	11			
Villette.......	288	Bastille (la	h.	5	M	Mantes	P
		Chavannes.........	m.	4			
		Garré	h.	37			
		Hauteloup	f.	2			
		Leuze.............	h.	39			
		Mathieu (la).......	h.	6			
		Moulin-Neuf (le). ..	m.	3			
Wy, dit Joli-Village.	318	Enfer (l').	h.	28	Mg	Ch.-Mg.	R
		Hazeville	é.	10			
		Moulin-de-Wy (le). .	é.	3			

DU MAIRE

Les fonctions du maire sont diverses : elles sont d'ordre *administratif* ou d'ordre *judiciaire*. Sous le premier de ces rapports, il est administrateur de la commune, délégué du Gouvernement, et juge en matière administrative ; sous le second, il est officier de police judiciaire, juge ou ministère public au tribunal de simple police, et officier de l'état civil.

Le maire ne peut être salarié ; mais le conseil municipal peut lui allouer des frais de représentation.

Autrefois, la résidence dans la commune était obligatoire ; aujourd'hui, pour être nommé maire, il suffit d'être inscrit au rôle d'une des quatre contributions directes.

Le maire ne peut entrer en fonctions avant d'avoir été installé en présence du conseil municipal.

FONCTIONS DU MAIRE

1° En sa qualité d'administrateur des biens et des intérêts communaux, le maire exécute les mesures prises par le conseil municipal à l'égard des biens de la commune, et veille à la conservation de ces biens. Il dirige les travaux d'intérêt communal, gère et administre les fonds et revenus communaux, et représente la commune dans les actes et contrats où elle est intéressée ; il procède aux adjudications faites au nom de la commune, fait valoir ou défend ses droits dans les procès qu'elle intente ou qui lui sont suscités ; enfin, il accepte les legs ou donations faits à la commune, surveille les établissements communaux, et nomme à certains emplois.

2° L'art. 10 de la loi du 18 juillet 1837 charge le maire de la police municipale, de la police rurale et de la voirie municipale.

3° Comme délégué du Gouvernement, le maire est chargé de la publication et de l'exécution des lois et des règlements, des mesures de sûreté générale, et de certaines fonctions qui lui sont attribuées par les lois. Pour cette partie de ses fonctions, il est placé sous l'autorité de l'administration supérieure. (Loi du 18 juillet 1837, art. 9.)

4° Le maire est juge administratif dans les cas de contestation entre les employés et les débitants, quant à l'exactitude de la déclaration des prix de vente ; — et en matière de contravention à la police du roulage.

5° Officier de police judiciaire, le maire doit rechercher les crimes, délits ou contraventions commis sur le territoire de la commune, et en livrer les auteurs aux tribunaux (code d'instr. crimin., art. 8). Dans les communes où il n'y a pas de commissaire de police, c'est le maire qui en remplit les fonctions.

6° Pour la connaissance des contraventions, la loi a constitué dans chaque commune un tribunal de simple police, dont le maire est à la fois le juge et le président ; mais dans les chefs-lieux de canton, ces fonctions sont dévolues au juge de paix. D'ailleurs, la juridiction des maires peut toujours être remplacée par celle des juges de paix, auxquels la loi accorde une compétence bien plus large. (Code d'instr. crim., art. 138.)

7o En sa qualité d'officier de l'état civil, le maire doit recevoir, *à la mairie*, à moins d'absolue nécessité, les actes concernant l'état civil, et les inscrire sur des registres spéciaux. En aucun cas, il ne peut les inscrire d'office.

ÉLECTION ET NOMINATION DES MAIRES ET ADJOINTS

Aux termes de la loi du 18 août 1870, abrogeant les art. 1 et 2 de la loi du 20 janvier 1874, le conseil municipal élit le maire et les adjoints, parmi ses membres, au scrutin secret et à la majorité absolue.

Dans les chefs-lieux de département, d'arrondissement et de canton, les maires, choisis parmi les membres du conseil municipal, sont nommés par décret du Président de la République.

Les communes de 2,100 âmes et au-dessous n'ont qu'un adjoint ; de 2,500 à 10,000 habitants, elles doivent en avoir deux.

Les adjoints suppléent le maire *de droit* ou par *délégation* ; *de droit*, lorsque le maire est empêché (loi du 21 mars 1831), c'est-à-dire en cas de mort, de suspension, de destitution ou de démission acceptée, d'absence ou de maladie; pour les actes qui concernent le maire. Dans tous ces cas, l'adjoint disponible dans l'ordre de nomination, substitue le maire et fait précéder sa signature de la formule : *à défaut du maire absent, malade ou décédé.*

La suppléance de droit cesse avec la cause qui l'avait motivée.

Suppléance par délégation. — Le maire peut déléguer une partie de ses fonctions à un ou plusieurs adjoints, mais non la totalité. Toute délégation ou révocation de délégation doit être inscrite au registre des actes de la mairie.

L'adjoint suppléant par délégation doit toujours faire précéder sa signature de la formule : *par délégation du maire.*

Comme les maires, les adjoints sont installés en présence du conseil municipal assemblé.

DES CONSEILLERS MUNICIPAUX.

Les conseillers municipaux sont élus pour trois ans (loi du 14 avril 1871), sur la liste dressée conformément à l'art. 13 du décret du 2 février 1852; ils doivent avoir 25 ans accomplis.

Le maire peut déléguer à un conseiller municipal tout ou partie de ses fonctions d'administrateur et de représentant de la commune, mais non celles de juge de simple police.

En cas d'absence ou d'empêchement du maire ou des adjoints, le conseiller municipal, premier sur le tableau, supplée le maire *de droit* dans les actes qu'il est appelé à faire en tant qu'administrateur et représentant de la commune, ou en qualité de délégué du Gouvernement. Toutefois, il n'y a plus suppléance de droit lorsque le maire et les adjoints refusent leur concours; le préfet nomme alors un délégué spécial pour les suppléer (loi du 18 juillet 1837, art. 15. — Arrêt du Conseil d'État du 7 mai 1842).

Lorsqu'un conseiller supplée le maire, il doit mentionner, dans les actes qu'il signe, si c'est par suite de l'absence ou de l'empêchement du maire ou des adjoints, ou en vertu d'une délégation volontaire.

DU CONSEIL MUNICIPAL.

Les communes de 500 âmes et au-dessous nomment 10 cons. munic.

501 à 1,500	12	—
1,501 à 2,500	16	—
2,501 à 3,500	21	—
3,501 à 10,000	23	—

Les conseillers municipaux s'assemblent quatre fois par an, en session *ordinaire* : au commencement des mois de février, mai, août et novembre. Leurs sessions durent dix jours au plus.

Des sessions *extraordinaires* peuvent être prescrites par le préfet ou le sous-préfet, ou autorisées par eux sur la demande du maire, ou sur celle du tiers des conseillers, adressée directement au préfet qui ne peut refuser sans un arrêt motivé. Et si le préfet refuse, les réclamants ont le droit de se pourvoir devant le ministre de l'intérieur. (Loi du 5 mai 1855, art. 15.)

Les convocations se font à domicile, et par écrit, trois jours avant l'ouverture des sessions ordinaires, cinq jours avant les sessions extraordinaires. Dans les sessions ordinaires, le conseil traite de toutes les matières rentrant dans ses attributions; dans les autres, il ne doit s'occuper que des objets indiqués sur la lettre de convocation. Le préfet peut, s'il y a urgence, abréger les délais de convocation.

Dans les communes dont le revenu est inférieur à cent mille francs, les contribuables les *plus imposés* sont invités à prendre part aux délibérations concernant les contributions extraordinaires, les emprunts et les changements à opérer dans les circonscriptions communales. Le nombre des plus imposés doit être égal à celui des membres du conseil; le maire doit les convoquer dix jours avant la réunion.

Les séances des conseils municipaux ne sont pas publiques; mais tout habitant ou contribuable de la commune peut demander communication des délibérations et en prendre copie. (Loi du 5 mai 1855, art. 22.)

Une autre année, nous donnerons la nomenclature des attributions des conseils municipaux. Il en est de trois sortes : pour celles de la première catégorie, le conseil règle directement ; pour celles de la seconde, il soumet ses délibérations à l'approbation du préfet. La troisième catégorie comprend les questions sur lesquelles le conseil ne peut donner qu'un simple avis. (Voir la loi du 18 juillet 1837, art. 17, 19, 21 et *passim*.)

(Voir plus loin la liste des maires, des adjoints, et celle des conseillers municipaux élus les 6 et 13 janvier 1878.)

SAPEURS-POMPIERS

Aincourt. — M. J. Vassal, sous-lieutenant.
Ambleville. — 21 hommes; M. Julien, sous-lieutenant.
Arnouville. — 20 h.; M. Fr. Guillotin, sous-lieutenant.
Arikies. — 17 h.; M. J. Danger, sous-lieutenant.
Banthelu. — 18 h.; M. Gensier, sous-lieutenant.
Bazainville. — 15 h., M. Lhermerout, sous-lieutenant.
Bennecourt. — 25 h.; M. Pernelle, sous-lieutenant.
Boinville. — En voie de réorganisation.
Bonnières. — MM. A. Michaux, lieutenant ; J.-B. Barat, sous-lieut.
Bourdonné. — 25 h.; M. Baudran, sous-lieutenant.
Breuil-Bois-Robert. — 20 h.; M. A. Genestre, sous-lieutenant.
Chaussy. — 26 h.; M. Gilbert, sous-lieutenant.
Chérence. — 12 h.; M. Bailly, sous-lieutenant.
Condé. — 20 h.; M. L. Dablin, sous-lieutenant.
Dammartin. — En voie de réorganisation.
Epône. — 19 h.; M. Marais, sous-lieutenant.
Fontenay-Saint-Père. — En voie de réorganisation.
Freneuse. — 18 h.; M. A.-M. Babussier, sous-lieutenant.
Gambais. — 25 h.; M. Auché, sous-lieutenant.
Gargenville. — En voie de réorganisation.
Gassicourt. — 14 h.; M. E. Rourel, sous-lieutenant.
Genainville. — 25 h.; M. A. Langlois, sous-lieutenant.
Guernes. — 17 h.; M. J.-B. Bréant, sous-lieutenant.
Guerville. — 23 h.; M. Petit, sous-lieutenant.
Hargeville. — En voie de réorganisation.
Houdan. — 35 h.; M. Thibault, sous-lieutenant.
Issou. — En voie de réorganisation.
Jambville. — 16 h.; M. Duvivier, sous-lieutenant.
Jumeauville. — 25 h.; M. N. Anseaume, sous-lieutenant.
Limetz. — 25 h.; M. Gosselin, sous-lieutenant.
Lommoye. — En voie de réorganisation.
Longnes. — 20 h.; M. Bréville, sous-lieutenant.
Magnanville. — En voie de réorganisation.
Magny. — 42 h.; MM. Pillet, lieutenant ; Breton, sous-lieutenant.
Mantes. — 15 h.; MM. A. Lecoq, lieutenant; Duchesne, sous-lieutenant ; Dr Drouet, aide-major.

Mantes-la-Ville. — M. Perrin, sous-lieutenant.
Mézières. — 30 h.; M. J. Lesieur, sous-lieutenant.
Moisson. — 20 h.; M. Cressy, sous-lieutenant.
Montreuil. — 20 h.; M. A.-F. Massieu, sous-lieutenant.
Oinville. — 19 h.; M. D.-A. Renard, sous-lieutenant.
Porcheville. — En voie de réorganisation.
Richebourg. — 25 h.; M. A. Delaitre, sous-lieutenant.
Roche-Guyon (La). — 25 h.; M. A. Petit, sous-lieutenant.
Rosny. — 20 h.; M. Lemoine, sous-lieutenant.
Saint-Clair-sur-Epte. — 20 h.; M. Périer, sous-lieutenant.
Saint-Cyr-en-Arthies. — 11 h.; M. A. Hamot, sous-lieutenant.
Saint-Gervais. — 26 h.; M. D. Hébert, sous-lieutenant.
Saint-Martin-des-Champs. — M. L.-D. Hébert, sous-lieutenant.
Saint-Martin-la-Garenne. — M. P.-Fr. Breton, sous-lieutenant.
Septeuil. — 21 h.; M. Leconte, sous-lieutenant.
Soindres. — En voie de réorganisation.
Vert. — En voie de réorganisation.
Vétheuil. — 30 h.; M. Paillet, sous-lieutenant.
Villeneuve (La). — En voie de réorganisation.
Villers-en-Arthies. — 15 h.; M. D. Langlois, sous-lieutenant.
Villette. — En voie de réorganisation.

CHEMINS VICINAUX

(Nous devons cette notice à l'obligeance de M. Copin, agent voyer de notre arrondissement.)

Le travail de révision des voies communales, opéré en 1867 (voir le rapport du ministre de l'intérieur : *Annales des chemins vicinaux*, octobre 1867) a eu pour effet de classer séparément les chemins présentant un véritable caractère d'utilité et ceux qui n'offrent qu'un caractère secondaire. La loi du 11 juillet 1868 a eu en vue l'achèvement, dans un délai de dix ans, à partir du 1er janvier 1869, des chemins compris dans la première classe ; ce délai a été prolongé depuis, jusqu'au 31 décembre 1882. Les communes qui avaient des chemins vicinaux à construire ont été divisées de la manière suivante : 1º celles qui possédaient les ressources nécessaires pour assurer, dans le délai fixé, la construction de leurs chemins, et qui, par conséquent, n'avaient pas besoin de secours ; 2º celles dont les ressources étaient insuffisantes pour faire face aux dépenses auxquelles elles avaient à pourvoir pour terminer leurs chemins dans le même laps de temps. Ces dernières constituent le réseau subventionné, et la seule condition qui leur a été imposée pour participer aux avantages offerts par les dispositions de la loi du 11 juillet 1868, c'est qu'elles s'imposeraient le maximum des ressources ordinaires, c'est-à-dire cinq centimes spéciaux et trois journées de prestations. Ensuite on a fait connaître à chacune d'elles quelle serait la part de sacrifices extraordinaires qu'elle aurait à supporter, et quel serait le montant du secours qui pourrait lui être accordé sur les subventions de l'État ou du département. Les calculs qui servent de base pour la répartition des secours dans le département de Seine-et-Oise résultent d'un travail mathématique admirablement bien préparé par M. Dubois, agent-voyer en chef, et qui ne laisse rien à désirer sous le rapport de l'équité.

Les sacrifices extraordinaires réclamés des communes ne sont jamais au-dessus des moyens d'action dont elles peuvent disposer ; le secours peut toujours couvrir le surplus nécessaire pour atteindre au chiffre des dépenses.

L'application de la loi de 1868 a exercé partout, ainsi qu'on le prévoyait dès le début, une heureuse influence sur le développement du réseau vicinal. Ce progrès s'est particulièrement fait sentir dans l'arrondissement de Mantes, grâce à l'intelligente initiative prise par les administrations municipales. Sur 111,903 mètres de chemins subventionnés qui restaient à construire au 1er janvier 1869, 80,153 mètres sont aujourd'hui amenés à l'état d'entretien. Le nombre de ces chemins ou portions de chemins est de 130, intéressant 60 communes, et parmi eux il s'en trouve beaucoup qui ont donné lieu à des rectifications de tracé importantes.

(Les chemins vicinaux de grande communication s'indiquent par le signe =; les chemins vicinaux ordinaires, par un simple trait —.)

Les chemins vicinaux dans l'arrondissement de Mantes présentent actuellement un développement de 915,977 mètres, se divisant ainsi qu'il suit :

Chemins de grande communication	41,832
» d'intérêt commun...................	115,829
» vicinaux ordinaires.................	728,316
Total égal	915,977

Les chemins de grande communication et d'intérêt commun sont entièrement construits, et les lacunes qui restaient à construire sur les chemins vicinaux ordinaires, au 31 décembre 1876, mesuraient une longueur de 125,539, soit 1,6 environ des chemins classés.

Ces lacunes se répartissent, entre les cinq cantons de l'arrondissement, de la manière suivante :

Bonnières..................	18,686 mètres.
Houdan..........	39,643 —
Limay....................	23,614 —
Magny....................	35,086 —
Mantes....................	8,510 —

NOMENCLATURE DES CHEMINS DE GRANDE COMMUNICATION ET D'INTÉRÊT COMMUN, ET DES CHEMINS VICINAUX ORDINAIRES DU CANTON DE MANTES.

N° 11. De Villiers-en-Désœuvre (Eure) à Septeuil. — Longueur, 14,920 mètres, passant par Bréval, Longnes et Dammartin.

N° 20. De Havelu (Eure-et-Loir) à Houdan. — Longueur, 953 m.

N° 37. De Bray-Lû à Saint-Clair-sur-Epte. — Longueur, 7,420 m., passe à Pont-Rû (hameau), Coppières (hameau), et Montreuil-sur-Epte.

N° 52. De la route départementale n° 22 à la limite de l'Eure. — Longueur, 1,060 m., traverse le village de Bray-Lû.

N° 55. De La Roche-Guyon à Villiers-en-Désœuvre (Eure). — Longueur, 15,102 m., traverse la Seine sur le pont de La Roche, passe à Freneuse, emprunte une partie de la route nationale n° 13, et passe par Bonnières, le hameau de Chollet, le hameau de la Tuilerie et le village de Lommoye.

N° 64. D'Ivry-la-Bataille à Houdan. — Longueur, 2,367 m.

Chemins d'intérêt commun.

N° 12. De Rangiport à Brueil. — Longueur, 7,291 m., passe par Gargenville et le hameau de la Chartre.

N° 19. De Bray-Lû à la route nationale n° 14. — Longueur, 7,980 m., passe par Ambleville et les hameaux du Mesnil et de Magnitot.

N° 28. De Bray-Lû à la route départementale n° 14. — Longueur, 15,000 m., passe par Chaussy, Villers-en-Arthies, le hameau de Villeneuve et Drocourt.

N° 36. De Limay à Vétheuil. — Longueur, 9,611 m., passe par le hameau de Dennemont et le village de Saint-Martin-la-Garenne.

No 49. De Mantes à Andelu. — Longueur, 13,697 m., commence sur la route nationale no 190, au Pont-Lamarre et passe par Boinville et Jumeauville.

No 52. De Villiers-en-Désœuvre (Eure) à Vernon. — Longueur, 10,000 m., passe par Cravent, Chauffour et Blaru.

No 60. De Houdan à Epernon (Eure-et-Loir). — Longueur, 3,718 m., passe par Thionville-sur-Opton et Dannemarie.

No 65. De Mantes-la-Ville à la route départementale no 21.—Long. 11,153 m., passe par Breuil-Bois-Robert, Arnouville et Hargeville.

N° 81. D'Arthies à Avernes. — Longueur, 16,180 m., passe par le hameau d'Enfer.

No 89. De Guainville (Eure-et-Loir) à Vernon (Eure). — Longueur, 16,180 m., passe par Neauphlette, Bréval, Saint-Illiers-la-Ville, la Tuilerie (hameau), La Villeneuve-en-Chevrie, Notre-Dame-de-la-Mer (hameau), et aboutit sur la route nationale no 182, près de Port-Villez.

No 96. De Houdan à Longnes. — Longueur, 15,785 m., passe par Gressey, Boissets, Tilly et Flins-Neuve-Eglise.

No 100. De Houdan à Bourdonné. — Longueur, 5,898 m., passe par le hameau de Saint-Côme.

No 111. De la Seine, en face Rangiport, à la route départementale no 21. — Longueur, 13,558 m., passe à la station d'Epône, emprunte une partie de la route nationale no 190, traverse le village d'Epône, passe au hameau de Velanne, à Goussonville, à Arnouville et au hameau de Saint-Léonard.

No 112. De Gressey à Gambais. — Longueur, 9,688 m., passe à Richebourg et à Bazainville.

Chemins vicinaux ordinaires du canton de Mantes.

Nota. — Les chemins vicinaux ordinaires font l'objet d'un classement particulier pour chaque commune.

NOMS des COMMUNES	NUMÉROS ET DÉSIGNATION des CHEMINS	LONGUEURS		
		à l'état d'entret.	en terre	Totales
Andelu (A)....	1 d'Andelu à Beynes.............	540	»	540
	2 d'Andelu à Marcq (B)	200	»	200
Arnouville (A).	2 d'Arnouville à Villette........	2.224	«	2.224
	3 d'Arnouville à Boinville	836	»	836
	5 d'Arnouville à Maule	527	»	527
	6 d'Arnouville à Rosay	290	1.872	2.162
	Report........	4.716	1.872	6.588

(A) Communes qui participent, qui ont participé, ou qui sont à même de participer aux avantages du réseau subventionné.

(B) Chemins entretenus, mais dont l'état réclame des améliorations d'une certaine importance, soit qu'il y ait nécessité de réduire des pentes dépassant 0-06 par mètre, de redresser des sinuosités de tracé trop prononcées, d'élargir la voie, de constituer un ancien blocage, ou de recharger l'empierrement.

NOMS des COMMUNES	NUMÉROS ET DÉSIGNATION des CHEMINS	LONGUEURS		
		à l'état d'entret.	en brosse	Totales
	Report....	4.716	1.872	6.588
Auffreville (A)	1 d'Auffreville à Brasseuil.........	1.477	»	1.477
	2 de Brasseuil au Breuil..........	729	»	729
Boinville......	1 de Boinville à Arnouville.......	1.838	»	1.838
	2 de Boinville à Goussonville....	450	»	450
	3 de Boinville à Senneville (b)....	701	»	701
Boinvilliers....	1 de Rosay à Flacourt............	1.448	»	1.448
	2 de Boinvilliers à Montchauvet...	1.035	»	1.035
	3 de Boinvilliers à Dammartin....	896	»	896
Breuil-Bois-Robert (A)	1 du Breuil à Brasseuil.........	1.115	»	1.115
	2 du Breuil à Guerville..........	100	»	100
	3 de Bois-Robert à La Brosse.....	132	780	912
Buchelay......	1 de Rosny à Mantes-la-Ville......	2.555	»	2.555
	2 de Buchelay à Jouy-Mauvoisin ...	620	»	620
	3 de Buchelay à Magnanville......	472	»	472
Epône	1 d'Epône à La Falaise..........	569	»	569
	2 de Mézières à Goussonville.....	1.233	»	1.233
La Falaise (A)..	1 d'Epône à Aulnay..............	1.886	»	1.886
	2 de La Falaise à Nezel..........	141	»	141
	3 de La Falaise à Jumeauville....	»	1.921	1.921
Flacourt.......	1 de Flacourt aux routes 183 et 57.	2.321	»	2.321
	2 du Tertre à la route n° 57......	157	»	157
Gassicourt.....	1 de Gassicourt à Mantes....	1.372	»	1.372
	2 de Gassicourt à Buchelay.......	908	»	908
	3 de Gassicourt à la Seine (b).....	675	»	675
Goussonville...	2 de Goussonville à Boinville......	660	»	660
	3 de Goussonville à Jumeauville (b).	760	»	760
Guerville (A)...	1 d'Arnouville à Mantes..........	2.111	»	2.111
	2 de Guerville au Breuil..........	952	»	952
	3 de Boinville à Mantes..........	2.416	»	2.416
	4 de Fresnel à Mantes	1.680	830	2.510
	5 de Guerville à Fresnel..........	»	320	320
Jumeauville ...	1 de Jumeauville à Maule	725	»	725
	2 de Jumeauville à Hargeville.....	2.605	»	2.605
	3 de Jumeauville à Goussonville...	350	880	1.230
	5 de Jumeauville à Goupillières (b).	1.275	615	1.890
	A reporter........	40.861	7.228	48.089

NOMS des COMMUNES	NUMÉROS ET DÉSIGNATION des CHEMINS	LONGUEURS		
		À l'état d'entret.	en travaux	Totales
	Report.........	40.861	7.228	48.089
Magnanville (A).	1 de Buchelay à Mantes-la-Ville...	890	»	890
	2 de Magnanville à Buchelay......	995	»	995
	3 de Magnanville à la Mare Palou.	350	»	350
Mantes.........	1 de Mantes à Gassicourt.........	379	»	379
	2 de Mantes à Dammartin.........	277	»	277
Mantes-la-Ville.	1 de Mantes-la-Ville à Rosny......	1.300	»	1.300
	2 du Moulin de la Folie..........	480	»	480
	3 latéral au chemin de fer........	827	»	827
Mézières......	1 de Mézières à Goussonville (E)...	2.383	»	2.383
	2 de la grande rue..............	570	»	570
	3 de Fresnel à Mantes par Plagne..	»	230	230
	5 de Mézières au chemin de fer....	626	»	626
Rosay.........	1 de Rosay à Saint-Corentin......	1.581	»	1.581
	2 de Rosay à Boinvilliers	902	»	902
	3 du Moulin-Neuf...............	770	»	770
Rosny-sur-Seine	1 de Rosny à Mantes-la-Ville.....	2.603	»	2.603
	2 allant à la route départ^le n° 58....	530	»	530
	4 de Rosny à Guernes...........	1.055	»	1.055
Soindres......	1 de Soindres à Vert.............	1.318	»	1.318
	2 de Soindres à Fontenay.........	336	»	336
	3 de Beaurepaire...............	735	692	1.427
Vert.........	1 de Vert à Soindres.............	1.107	»	1.107
	2 du Marais...................	483	»	483
	3 du haut de Vert..............	900	»	900
Villette...... ..	1 du Goulet...................	1.418	»	1.418
	2 de Leuze à Mantes............	1.826	»	1.826
	3 du Moulin-à-Tan	342	»	342
	4 de Garé....................	200	360	560
	5 du Moulin-de-Chavannes.......	560	»	560
	6 du Moulin-Neuf..............	364	»	364
	TOTAUX.........	67.058	8.510	75.568

PERSONNEL VICINAL DE L'ARRONDISSEMENT

Agent-royer d'arrondissement : M. Copin, à Mantes, r. du Chemin-de-Fer, 12.
Agent-royer cantonal, chef de bureau : M. Gosselin.
Expéditionnaire : M. N.....

Agents-royers cantonaux. — Bonnières, M. Roussel, à la Villeneuve-en-Chevrie. — Houdan, M. Pilleaul, à Orvilliers. — Limay, M. Langlois. — Magny, M. Faucon. — Mantes, M. Lemoine.

ASSISTANCE PUBLIQUE

HOPITAUX & HOSPICES

Les hôpitaux et hospices — en vertu du décret du 23 mars 1852 — sont administrés par une commission composée de cinq membres, nommés pour 5 ans par le préfet, et rééligibles. Aux termes de la loi du 21 mai 1873, le maire et le curé (le plus ancien) de la commune font de droit partie de la commission administrative.

Cette commission, présidée par le maire, nomme le secrétaire, l'économe, les médecins et chirurgiens, le receveur et les employés ; mais elle ne peut les révoquer qu'avec l'approbation du préfet.

Si le revenu de l'établissement hospitalier ne dépasse pas 30,000 francs, le receveur de la commune fait fonction de receveur spécial.

La commission administre les revenus de l'établissement, loue et afferme les biens pour une durée maximum de 18 ans, quand il s'agit de biens ruraux, et de 9 ans pour les autres. Elle règle les conditions des marchés pour l'année à courir, et vote les travaux jusqu'à la somme de 3,000 francs. Pour les dépenses plus considérables et à terme plus éloigné, la commission doit soumettre ses délibérations au conseil municipal.

CONDITIONS D'ADMISSION

Aux termes de la loi du 7 août 1851, tout individu tombant malade dans une commune où il existe un hôpital, peut y être admis sans condition de domicile.

Le préfet, d'accord avec la commission des hospices, fixe le prix de la journée à payer, par les communes privées d'hôpital, pour chaque malade ou incurable indigent envoyé dans un des établissements désignés par le conseil général. Si les ressources des communes sont reconnues insuffisantes, le département peut leur venir en aide.

Les hôpitaux ou hospices sont autorisés, dans le cas où leurs revenus le leur permettraient, à admettre temporairement — dans les lits vacants — des malades ou infirmes incurables non payants.

Hôpital-Hospice de Mantes

Administrateurs : MM. Dupré, Grandjean, Lecarpentier, Seray, Serres.
Membres de droit : MM. Hèvre, maire. Salmon ✳, curé de Notre-Dame.
Président : le maire de Mantes.
Vice-président : M. Serres,
Receveur spécial : M. Lauvray.
Secrétaire économe : M. Certain, rue du Vieux Pilori, 9.
Médecins : MM. Bonneau — Bihorel.

Aumônier : M. l'abbé Dufour, rue des Pèlerins, 13.
Supérieure : Sœur Aurélie, de Saint-Paul de Chartres.

Vieillards	Hommes 14	Orphelins	Garçons 16
	Femmes....... 14		Filles 18
	28		34
Malades	Hommes....... 30		
	Femmes 14	Femmes en couche ..... 4 lits.
	44		

13 lits pour les religieuses.

L'hôpital reçoit les malades civils (hommes, femmes et enfants) de Mantes, atteints de maladies aiguës ou blessés accidentellement ; les malades militaires ou marins ; les voyageurs indigents, malades ; les malades indigents des communes désignées par l'arrêté du conseil général du 27 août 1852, moyennant une pension de 1 franc 75 centimes par jour, payés par ces communes.

Conformément aux intentions de M. de Slade, l'hôpital reçoit 5 malades appartenant aux villages et hameaux de l'arrondissement.

Le maximum de la population de *l'hôpital* est fixé à 44 malades.

L'hospice admet des vieillards indigents et valides des deux sexes, des enfants pauvres des deux sexes, et par exception, mais temporairement, des vieillards incurables. Ces admissions ne peuvent porter que sur des personnes domiciliées à Mantes.

Le maximum de la population de *l'hospice* est fixé à 60 individus.

Les parents ou amis des vieillards et des enfants sont admis à les visiter le dimanche, de 1 heure à 2 heures.

On peut visiter les malades le *dimanche*, le *mardi*, le *jeudi* et le *samedi*, de 2 heures à 3 heures. Il est défendu de leur porter des comestibles ou des liquides sans l'autorisation du médecin ; et même dans ce cas, c'est la sœur qui, seule, a le droit de les remettre au malade.

La commission administrative de l'Hôpital-Hospice de Mantes s'assemble tous les mardis, à 2 heures.

Total des recettes de l'exercice 1876 : 63,983 fr. 27.
Total des dépenses : 45,638 fr. 36.

HISTORIQUE

Le 5 mars 1854, Mantes inaugurait, dans les bâtiments de l'Hôpital général, la réunion — sous une même administration — du service des malades et de celui des orphelins et vieillards indigents. Jusqu'alors l'Hôtel-Dieu (ou Maison-Dieu) situé entre la place de l'Étape, les rues de la Sangle et de la Heuse, avait gardé une existence indépendante de celle des hospices.

L'époque de la fondation de l'Hôtel-Dieu est inconnue ; o ... lement qu'il date au moins du XIIIe siècle, car un arrêt (décembre 1638) vise une donation, faite en 1229, aux Pères de

l'Hôtel-Dieu de Mantes. Mais si l'île de l'Aumône, propriété de cet établissement, lui a été donnée, comme on l'a prétendu, par la comtesse
Ledgarde, il faudrait reconnaître qu'il existait déjà dans la seconde
moitié du Xe siècle.

En 1638, Françoise de Giffard, prieure de cet hôpital depuis 28 ans,
fit venir de Pontoise, avec l'assentiment du Bureau des pauvres, des
religieuses hospitalières de l'ordre de Saint-Augustin et s'engagea à
« nourrir, panser et médicamenter » les malades de la ville, pourvu
qu'on lui abandonnât les revenus de l'Hôtel-Dieu. Cet état de choses
fut maintenu jusqu'à la Révolution.

L'hospice des vieillards et des enfants pauvres ne peut se vanter
d'une origine aussi reculée. Il s'établit d'abord, en 1666, dans l'ancien local de la maladrerie de Saint-Lazare, et l'administration en fut
confiée à des notables de la ville ; on fit à ces bâtiments les répara-
tions les plus urgentes, et l'hospice, — malgré leur insuffisance — y
passa de longues années ; car ce n'est qu'en 1750 que fut décidée et
commencée, mais non achevée, la construction de l'Hôpital-Hospice,
tel qu'il est actuellement.

Cependant, lorsqu'on eut bien constaté l'insuffisance des salles du
vieil Hôtel-Dieu, la mauvaise situation de l'immeuble et l'impossibilité
de l'agrandir, l'idée vint de transférer le service des malades à l'hospice général, pour — des deux établissements — n'en former qu'un
seul. Cette combinaison réunissait tous les avantages désirables : es-
pace, salubrité, diminution des frais généraux. M. Durand, l'architecte
de l'hospice général, fut chargé des travaux d'appropriation nécessités
par la nouvelle organisation, et, en 1854, on put mettre 50 lits à
la disposition des malades, au lieu de 30, chiffre maximum obtenu à
grand'peine, et par exception, à l'ancien Hôtel-Dieu.

Hôpital-Hospice de Houdan.

Revenus : 12,362 francs — 20 lits.

Administrateurs : MM. Baudet — Bellière — Drieux — Hébert —
Hué.
Receveur : M. Marc.
Médecin : M. Piat.
Aumônier : M. l'abbé Dufour.
Supérieure : Sœur Aurèle, de Saint-Paul de Chartres.

L'hospice de Houdan a été fondé au XIIIe siècle par Ollivier, commandeur de l'Ordre apostolique.

Hôpital-Hospice de Magny

Revenus : 41,836 francs — 29 lits, dont 10 pour malades et 10 pour
vieillards et infirmes incurables.
Administrateurs : MM. le comte Bessières de la Jonquière —
Fournier — Guérin — Hébert — Leclerc.
Économe-receveur : M. Pellerin.
Secrétaire : M. Bourgeois.
Médecin : M. Molinié.

Aumônier : M. N..., curé de Magny.
Supérieure : Sœur Coillard, de Saint-Vincent de Paul.

L'hospice de Magny (1585-1666) *a été fondé* par Jean-Baptiste Paul, curé à Houdan.

Maison de convalescence à La Roche-Guyon

Fondée le 21 juin 1850 par M. le comte Georges de La Rochefoucauld, et donnée en 1862 à l'Assistance publique de Paris, qui y envoie en convalescence les enfants sortant de ses hôpitaux.

100 lits, dont 3 pour les enfants du canton de Magny.
Aumônier : M. l'abbé Portier, curé de La Roche-Guyon.

ALIÉNÉS

Le département dirige ses aliénés sur la maison de santé d'Evreux (Eure). L'hôpital de Mantes reçoit provisoirement les aliénés de passage.

L'observation se fait à la maison d'Evreux.

Le Conseil général, en exécution de la loi du 7 août 1851, et sur la proposition de M. le Préfet, a désigné les hôpitaux de Mantes et de Magny pour recevoir les malades et les incurables indigents d'autres communes, jusqu'à concurrence du nombre de lits disponibles.

Inspecteur départemental de l'assistance publique : M. le docteur Sellier, à la Préfecture.

BUREAUX DE BIENFAISANCE

Les commissions administratives des bureaux de bienfaisance étant assimilées à celles des hôpitaux et hospices, une même personne peut faire partie des deux commissions.

On n'attend pas que nous citions tous les décrets qui régissent la matière, ce serait sortir du cadre de cet annuaire; mais nous renvoyons les intéressés à l'ordonnance du 31 octobre 1821, à la circulaire ministérielle du 14 juillet 1818, à l'instruction du 5 mai 1852, aux décrets du 23 mars et du 17 juin 1852, etc. On y trouvera les formalités à suivre, par les bureaux de bienfaisance, pour les acquisitions, l'acceptation des legs ou donations, etc.

L'article 14 de la loi du 24 juillet 1867 dit que la création d'un bureau de bienfaisance doit être autorisée par le préfet, sur l'avis du conseil municipal. — D'après une autre loi, plus récente (21 mai 1873), le maire et le curé (le plus ancien) de la commune sont de droit membres de la commission administrative.

BUREAU DE BIENFAISANCE DE MANTES

Président : M. le maire de Mantes.
Vice-président : M. Serres.
Receveur-spécial : M. Lauvray.
Secrétaire : M. Certain.
Membres : MM. Salmon, ✳, curé de Mantes — Dupré — Grandjean — Lecarpentier — Seray.

Recettes de l'année 1876 : 12,000 fr. 65.
Dépenses : 11,596 fr. 57.

SOCIÉTÉS DE SECOURS MUTUELS

ET DE PRÉVOYANCE

Ces sociétés sont de trois catégories : celles qui sont reconnues *établissements d'utilité publique*; celles qui ne sont qu'*approuvées*; et les *sociétés privées*.

Les *sociétés privées* n'ont d'autre droit civil que celui de pouvoir placer leurs fonds à la caisse d'épargne.

Les sociétés des deux premières catégories se composent de membres participants et de membres honoraires. Les femmes et les enfants peuvent en faire partie ; mais les femmes ne prennent part à l'administration que dans les sociétés composées exclusivement de personnes de leur sexe.

AVANTAGES ACCORDÉS AUX SOCIÉTÉS DE SECOURS MUTUELS

Jouissance gratuite d'un local fourni par la commune ; — fourniture gratuite, par la commune, des livrets, registres, imprimés nécessaires à l'administration et à la comptabilité ; — exemption des droits de timbre et d'enregistrement pour les actes intéressant la société ; — remise des deux tiers du droit municipal sur les convois ; — droit de prendre des immeubles à bail, de posséder des objets mobiliers et de faire tous les actes y relatifs ; — droit d'accepter, sauf approbation préfectorale, des dons et legs mobiliers d'une valeur n'excédant pas 5,000 francs ; — faculté de faire à la caisse d'épargne des dépôts de fonds égaux à la totalité de ceux qui seraient autorisés au profit de chaque sociétaire ; — faculté de placer à la Caisse des Dépôts et Consignations, à 4 1/2 pour cent d'intérêt ; — participation aux subventions de l'Etat; mais ces subventions sont exclusivement réservées aux sociétés approuvées qui, dans l'année, ont versé une somme quelconque à leur fonds de retraite, ou que des circonstances imprévues ont mises dans l'impossibilité de satisfaire à leurs engagements.

Les sociétés reconnues comme établissements d'utilité publique ont, en outre, le droit de posséder, acquérir ou recevoir, par donation ou autrement, des biens mobiliers ou immobiliers, quelle que soit leur valeur, mais avec l'autorisation du Conseil d'Etat.

AVANTAGES ACCORDÉS AUX MEMBRES PARTICIPANTS

Soins du médecin et médicaments, à titre gratuit ; — indemnité en cas de maladie ; — pension de retraite, dans les conditions fixées par les statuts de la société ; — funérailles convenables assurées ; — secours à la veuve, aux orphelins ou aux ascendants, si leur position le réclame.

Sociétés de secours mutuels de l'arrondissement.

Mantes : Société de secours mutuels des sapeurs-pompiers (du 1er mai 1873).
Président : M. Hèvre, ancien député, rue de la Sangle, 3.
   40 membres sociétaires ou participants,
   205 » honoraires ou bienfaiteurs.
Les rapports présentés à la dernière assemblée générale, le 13 mai 1877, accusaient un capital net de 5,627 francs 21 centimes.

Chaussy : Société de secours mutuels (19 mai 1872).
   Président : M. Louis Cartier, M. B., propriétaire.

Condé-sur-Vègre : Société de secours mutuels (6 février 1864).
   Président : M. Pouliquen, ancien juge de paix.

Magnanville (et Soindres) : Société de secours mutuels (24 juillet 1865).
   Président : M. N....

Magny : Société de secours mutuels (22 juin 1866).
   Président : M. Louis Cartier, M. B., propriétaire.

Saint-Gervais : Société de secours mutuels (30 octobre 1855) — 85 membres.
   Président : M. Albin Le Rat de Magnitôt, C. ✳, propriétaire.
   Vice-présidents : MM. Kermoysan, ✳, et Quatrelivre.

Une *Société de secours mutuels des instituteurs et institutrices de l'arrondissement* avait été fondée à Mantes le 30 octobre 1856, par les soins de M. Ernest Baroche ; le 12 octobre 1871, elle a fusionné avec la Société des instituteurs et institutrices du département.

ŒUVRES DE BIENFAISANCE

L'œuvre du *Bon secours*, fondée en 1835 par M. l'abbé Millet, a pour but de soigner les malades à domicile. La maison-mère est à Troyes.

Une maison a été installée à Mantes, au mois d'octobre 1866, rue des Pèlerins, nᵒ 16. — 4 sœurs. — *Supérieure :* sœur Lucius.

L'œuvre compte déjà 104 maisons, soit en France, soit à l'étranger.

La *Société de Saint-Vincent de Paul* ne possède dans l'arrondissement qu'une seule *conférence*, dont le siège est à Mantes.

Le but de cette société de charité est de visiter les familles pauvres, de leur distribuer des aliments, du bois ou du charbon, des vêtements, de les encourager au travail et de les entretenir dans des sentiments religieux. L'action de la société s'étend aux enfants de ces familles, qu'elle aide au besoin pendant les années d'apprentissage, les suivant même dans leurs voyages. — Les ressources de la société proviennent de quêtes, de dons en argent ou en nature, etc.

Président : M. Granvill Brown, rue Saint-Pierre, à Mantes.
Vice-président : M Constantin, ✳, rue du Fort, 10, à Mantes.
Secrétaire : M. Barat, place Saint-Maclou, à Mantes.
Trésorier : M. Josten, place de l'Hôtel-de-Ville, 2, à Mantes.

Les réunions de la Conférence ont lieu rue de la Heuse, 5.

ORPHELINATS DE GARÇONS

Mantes : Orphelinat tenu par les sœurs de l'hospice : 10 enfants.

ORPHELINATS DE JEUNES FILLES

Gressey : Annexe de l'école des sœurs : 10 enfants.
Mantes : Orphelinat tenu par les sœurs de l'hospice : 10 enfants.
Villers-en-Arthies : Orphelinat fondé en 1861 par la comtesse de Villers, et dirigé par les sœurs de Saint-Vincent-de Paul : 150 enfants.

ŒUVRE APOSTOLIQUE

Les membres de cette association travaillent pour les églises des missions étrangères.

ŒUVRE DE LA SAINTE-ENFANCE

Pour le rachat des petits Chinois.

ŒUVRE DES TABERNACLES

L'Œuvre des Tabernacles fournit aux églises pauvres de la France, des vases sacrés, des linges et des ornements.

OUVROIR DE ROSNY

Tenu par les Sœurs de la Sainte-Enfance. — 50 enfants.

OUVROIR DE SAINT-CYR-EN-ARTHIES

Fondé en 1876, et dirigé par les Sœurs de la Providence d'Evreux.

PATRONAGE DE LA ROCHE-GUYON

Dirigé par M. l'abbé Portier.

VESTIAIRES

MANTES : *Grand Vestiaire*, placé sous le patronage de sainte Elisabeth.

Les dames, membres de l'association, se réunissent le vendredi de chaque semaine, rue de la Heuse, 5, de 1 heure à 4 heures, et travaillent pour les pauvres.

Œuvre du petit vestiaire : association de dames charitables qui, chez elles, travaillent pour les pauvres.

HOUDAN : *Œuvre du Vestiaire*.

SURETÉ PUBLIQUE

Le service de la sûreté publique est fait par les commissaires de police, la gendarmerie et les gardes-champêtres.

Commissaire de police pour Mantes et Gassicourt : M. Alcais.

Bureaux, à l'Hôtel-de-Ville de Mantes.

L'arrondissement compte 9 brigades de gendarmerie : 3 à pied (Bréval, Chaussy et Mantes); 6 à cheval (Bonnières, Drocourt, Houdan, Magny, Mantes et Septeuil). — *Sous-lieutenant* : M. Chassibout, à Mantes, rue d'Artois.

Un garde-champêtre dans chaque commune.

IMPRIMERIE ET LIBRAIRIE

IMPRIMEURS TYPOGRAPHES ET LITHOGRAPHES

MM. Henri Robin, à Mantes, rue aux Pois, 9.
O. Petit, à Magny.

LIBRAIRES

MM. Beaumont, rue Royale, 25,
Deschamps, rue de la Mercerie, 6,   } à Mantes.
G. Josten, place de l'Hôtel-de-Ville, 2 }
Gilbert, à Bonnières.
Bihant, Halay, à Houdan.
Petit, à Magny.

JOURNAUX

Journal de Mantes, paraissant le mercredi. — Directeur-propriétaire :
M. H. Robin, rue aux Pois, 9, à Mantes.
Le *Journal de Mantes* est désigné pour l'insertion des annonces
judiciaires et légales de l'arrondissement. Abonnement d'un an pour
la ville : 8 fr.; pour l'extérieur, 10 fr. Un numéro 15 c.

Le Progrès du Vexin, paraissant le samedi. — Propriétaire-gérant :
M. O. Petit, à Magny.
Le *Progrès du Vexin* est désigné pour l'insertion des annonces
légales et judiciaires du département de Seine-et-Oise.

SOCIÉTÉS DIVERSES

CERCLE MANTAIS (place de Rosny, 11)

Président : M. Viollet, ✻, rue Saint-Pierre, 61.
Secrétaire : M. Brun, ✻, rue Saint-Pierre, 16.
60 membres.
Cotisation : 48 fr. par an, impôt compris.

CERCLE DU COMMERCE (rue au Lait, 6.)

Président : M. Chennevière, rue Saint-Pierre, 26.
Secrétaire : M. Riou, rue de la Pêcherie, 6.
52 membres.
Cotisation : 41 fr. par an, impôt compris.

CERCLE CATHOLIQUE DE MANTES (rue de la Heuse, 5)

Réunion tous les soirs, de 8 à 10 heures.

SOCIÉTÉ DE TIR DE MANTES ET LIMAY

Installée sur le territoire de Mantes-la-Ville, route de Magnanville. 40 membres.

Le Stand est ouvert le dimanche, l'après-midi.

Président d'honneur : M. Durand, ✻ architecte du Gouvernement.

Président : M. Violet, ✻

Vice-Président : M. Collet.

Secrétaire : M. Martin.

Trésorier : M. Pigis, fils.

Membres du comité : MM. Dreux, Dupuis, Mérimée, Acolet, Le Charpentier, Nicolini.

UNION MUSICALE DE MANTES ET LIMAY

(Réunions le soir, place du Marché-au-Blé, 6, chez M. Lainé.)

Directeur : M. Subtil, rue Royale, 5.

Secrétaire : M. Adam.

En deux années d'existence, cette excellente fanfare a remporté 8 prix : un au concours de Rouen, trois semaines après son organisation; deux à celui de la Villette-Paris, la même année; trois en 1876 au concours d'Oissel; deux en mai 1877 au concours de Laigle; et deux à celui de Louviers le 21 septembre de la même année.

Ces 10 médailles représentent 9 premiers prix et 1 second prix.

L'*Union musicale*, fondée le 27 mai 1875, compte actuellement 30 membres exécutants et 200 membres honoraires.

Fête patronale : Sainte Cécile, le 22 novembre.

ALLIANCE STÉNOGRAPHIQUE MANTAISE, autorisée le 6 décembre 1875

(Séances à l'Hôtel-de-Ville de Mantes)

Président : M. Lecomte, instituteur à Saint-Martin-des-Champs. 103 membres.

THÉATRE DE MANTES

(Salle Lainé, rue de la Madeleine, 17.

Directeur : M. Henry.

La saison théâtrale dure de septembre en avril.

Représentation tous les lundis.

JUSTICE

TRIBUNAL DE PREMIÈRE INSTANCE DE MANTES
(1er ARRONDISSEMENT)

Le tribunal de Mantes connaît des affaires commerciales.

Audiences à midi.

Le jeudi, affaires correctionnelles.
Le vendredi, affaires sommaires, commerciales, et criées.
Le samedi, affaires ordinaires.

Président : M. Mollandin, rue Saint-Pierre, 1.
Juge : M. Farjas, ✱, rue de la Gabelle, 10.
Juge d'instruction : M. Vincent, rue de la Madeleine, 25.
Juges suppléants : MM. J.-F. Voland, rue de la Madeleine, 33.
P. Cossard, rue Notre-Dame, 5.
Procureur de la République : M. Boulloche, rue de la Perle.
Substitut : M. Bazire, rue de la Pêcherie, 2.
Greffier en chef : M. Jules Lefèvre, à Limay, rue Nationale, 33.
Commis-greffier : M. Vernier, place Saint-Maclou, 24.
Concierge : M. E.-A. Durandet.

Le Tribunal de Mantes est situé place de l'Hôtel-de-Ville, à côté de la Mairie, dans les bâtiments de l'ancien Auditoire royal, construit, dit-on, pendant la maladie de Charles VI. Certains chroniqueurs fixent même une date, l'année 1403. Toujours est-il qu'au-dessus de la porte de l'auditoire, à côté des armes du roi, on voit celles de son frère Louis d'Orléans, écartelées de France et de Milan. Or, Louis d'Orléans, marié à Valentine de Milan, avait alors le gouvernement du royaume. Mais cette assertion est fortement combattue par d'autres archéologues qui assurent, s'appuyant sur d'assez bonnes raisons, que l'auditoire date du commencement du xvie siècle, ou tout au plus de la fin du xve (1). Il aurait donc été construit sous Louis XII, et non sous Charles VI.

NOTAIRES DE MANTES

MM. Hébert, rue Saint-Pierre, 6.
Brault, rue Saint-Pierre, 9.
Dreux, grande rue, 5.

NOTAIRES DES CANTONS RURAUX

MM. J.-B.-H.-A. Haucourt, à Arnouville.
J.-B.-A.-L. Decolange, à Épône.
L.-A. Pichon, à Bonnières.

(1) Voir Mantes, par Moutié. p. 83.

MM. E.-A.-F. Guesnier, à Bréval.
Léon Quoniam, — L.-F. Mahieu, à Houdan.
F.-H. Dubourdonné, à Longues.
F.-A. Lataille, à Septeuil.
E.-Ch. Leblanc, à Limay.
Arthur Longuépée, à Fontenay-Saint-Père.
P.-V.-Ph. Hamel, à Gargenville-Hanneucourt.
A.-A.-E. Bergeron, — L.-J. Chastelais, à Magny.
P.-F. Delaplane, à La Roche-Guyon.

CHAMBRE DE DISCIPLINE DES NOTAIRES
(1877-1878)

Président : M. Leblanc.
Syndic : M. Pichon.
Rapporteur : M. Haucourt.
Secrétaire : M. Hébert.
Trésorier : M. Decolange.
Membres : MM. Quoniam, Lataille.

AVOUÉS

Le nombre des avoués, fixé d'abord à 8, fut réduit à 6 en 1820 ; mais par suite de la révocation de l'un des six, et de l'acquisition de l'étude de Me Demange, faite par la Chambre des avoués, Mantes ne compte plus que 4 études d'avoués.

MM. J.-G.-A. Forfelier, rue de Berry, 9.
Gustave Bousy, rue Cadotte, 19.
L.-Ch.-H. Levieil, rue des Halles, 4.
Paul Choppin, rue de la Madeleine, 10.

CHAMBRE DES AVOUÉS

Président : M. Forfelier.
Syndic : M. Bousy.
Rapporteur : M. Levieil.
Secrétaire : M. Choppin.

COMMISSAIRE-PRISEUR

M. Pecquerie, rue de Dammartin, 24.

HUISSIERS DE MANTES

MM. J.-L. Drouest, place de Rosny, 2.
L.-Fr. Legrand, Grande-Rue, 3.
V.-H. Loret, rue de la Madeleine, 24.
L.-B. Delaunay, rue de la Madeleine.

HUISSIERS DES CANTONS RURAUX

MM. Cautiniau, à Bonnières.
    L.-A. Cœurderoy (neveu), à Houdan.
    Léopold Navelet, à Limay.
    F.-J.-E. Hébert, à Magny.
    Ch.-J. Marque, à Septeuil.

JUSTICES DE PAIX

CANTON DE MANTES

Juge de paix : M. Le Sieur, place du Château, 1.
Suppléants : MM. Hébert, notaire; Godde, ancien maire de Mantes,
    rue de la Madeleine, 21.
Greffier : M. Larcher, rue de la Madeleine, 11.
Huissiers-audienciers : MM. Drouest, Legrand, Loret, Delaunay.

CANTON DE BONNIÈRES

Juge de paix : M. Ansault, à Bonnières.
Suppléants : MM. le baron de la Gastine, à Villeneuve-en-Chevrie ;
    Pichon, notaire à Bonnières.
Greffier : M. Lampérière, à Bonnières.
Huissier-audiencier : M. Cantiniau, à Bonnières.

CANTON DE HOUDAN

Juge de paix : M. Duval, à Houdan.
Suppléants : MM. Marquet, à Septeuil ; Cœurderoy, à Houdan.
Greffier : M. Auger, à Houdan.
Huissier-audiencier : M. L.-A. Cœurderoy (neveu), à Houdan.

CANTON DE LIMAY

Juge de paix : M. Dumas, à Limay.
Suppléants : MM. Pilleux, maire de Drocourt; Leblanc, conseiller
    d'arrondissement.
Greffier : M. Coqueret, à Limay.
Huissier-audiencier : M. Navelet, à Limay.

CANTON DE MAGNY

Juge de paix : M. Léger, à Magny.
Suppléants : MM. Basset, maire de Magny; Guesnier, maire de Bla-
    mécourt.
Greffier : M. Allorge, à Magny; *Commis-greffier* : M. Capelle.
Huissier-audiencier : M. Hébert, à Magny.

ASSISTANCE JUDICIAIRE

En vertu de la loi du 22 janvier 1851, l'assistance judiciaire peut être accordée aux indigents qui s'adressent, pour la réclamer, au procureur de la République.

Le procureur transmet la demande au bureau spécial de l'arrondissement. Elle devra contenir : 1° les nom, prénoms, profession et domicile du demandeur, de la personne ou des personnes contre qui il veut procéder, et l'énoncé des faits de la cause ; 2° un extrait du rôle de ses contributions, ou un certificat du percepteur de la commune où il réside, constatant qu'il n'est pas imposé ; 3° une déclaration de son état d'indigence et de ses moyens d'existence.

BUREAU DE L'ASSISTANCE JUDICIAIRE DE L'ARRONDISSEMENT

Président : M. Godde, ancien maire de Mantes.
MM. Dreux, Hébert, Hudault, Choppin.

PRISON DE MANTES (rue Notre-Dame, 4)

Commission de surveillance : MM. Voland, juge suppléant ; Godde, ancien maire de Mantes ; l'abbé Salmon ✳, curé de Mantes ; Brown, propriétaire à Mantes. — Le sous-préfet, le président du tribunal et le procureur de la République en font de droit partie.
Gardien-chef : M. Mielle. — *Aumônier :* M. l'abbé Renusson. — *Médecin :* M. Bonneau.

ANNONCES JUDICIAIRES

Les annonces judiciaires et légales doivent être insérées, pendant l'année 1878, pour l'arrondissement de Mantes, dans le *Journal de Mantes*, publié par M. Henri Robin, imprimeur à Mantes, rue aux Pois.

Le tarif est de 15 c. par ligne de 31 lettres, et de 20 c. par ligne de 40 lettres et au-dessus.

Le coût d'un exemplaire légalisé est réglé à 40 c., non compris le droit d'enregistrement.

Le *Progrès du Vexin* est également désigné pour l'insertion des annonces judiciaires et légales.

CULTES

CULTE CATHOLIQUE

Le diocèse de Versailles est divisé en deux archidiaconnés : celui de Saint-Louis et celui de Notre-Dame. C'est à celui de Saint-Louis qu'appartient l'arrondissement de Mantes, lequel compte autant de doyennés que de cantons.

Il y a, dans le diocèse, 15 cures de 1re classe, 18 de 2e, 522 succursales, 55 vicariats rétribués par le Trésor, 1 chapelle communale, 10 chapelles de secours, et 6 chapelles vicariales.

Les doyennés de Bonnières, Houdan, Limay, Mantes et Magny comptent :

1 cure de 1re classe : Mantes.
5 cures de 2e classe : Bonnières, Houdan, Juziers, Limay et Magny.
119 succursales (dont 27 annexes),
1 chapelle vicariale : Boissets.
4 chapelles de secours : Blamecourt, Hodent, Senneville et Velannes.

ÉVÊQUE DE VERSAILLES

(Suffragant de l'archevêque de Paris)

Mgr Paul GOUX, né le 13 mars 1827 à Toulouse (Haute-Garonne), nommé évêque le 14 juillet 1877, préconisé le 21 septembre 1877, et sacré le 14 novembre de la même année, à Toulouse.

Mgr Goux est docteur en théologie et docteur ès-lettres.

VICAIRES GÉNÉRAUX AGRÉÉS PAR LE GOUVERNEMENT

MM. Bormand, archidiacre de Saint-Louis.
Delatour, archidiacre de Notre-Dame.

SECRÉTARIAT

Les bureaux sont ouverts tous les jours non fériés de 9 h. 1/2 à 11 h., et de 1 h. 1/2 à 3 h. 1/2.

Secrétaire : M. Dutilliet, chanoine honoraire.

CHAPITRE DE LA CATHÉDRALE

Chanoines d'honneur : NN.SS. Forcade, archevêque d'Aix.
Rivet, évêque de Dijon.
Dupanloup, évêque d'Orléans.
Hacquard, évêque de Verdun,
Legain, évêque de Montauban.

Chanoines titulaires : MM. Bormand, doyen,

Lemaire,

Bertrand,

Thomas,

Bourgeois, curé de la cathédrale,

Ravin,

Lenfant,

Beaumont,

Ardin, aumônier du palais.

Les chanoines titulaires sont membres du Chapitre ; ils sont rétribués par le Gouvernement, et doivent assister aux offices de la cathédrale.

Chanoines honoraires. — Ils sont actuellement au nombre de 53, dont 39 résident dans le diocèse ; leur titre est purement honorifique.

OFFICIALITÉ

L'officialité est un tribunal épiscopal jugeant au contentieux, présidé par l'official. Les causes y sont présentées et défendues par le promoteur et le vice-promoteur.

C'est à ce tribunal qu'il faut adresser les demandes de dispenses pour les mariages projetés entre consanguins.

GRAND SÉMINAIRE

Le grand Séminaire est établi depuis 1833 dans le pavillon Le Tellier, rue de Satory, à Versailles. Ce bâtiment date de 1755.

Supérieur : M. Bourgès, chanoine honoraire.

Des bourses et des demi-bourses ont été fondées par le Gouvernement et par des particuliers pour l'entretien d'un certain nombre de séminaristes.

PETIT SÉMINAIRE

On y donne l'enseignement secondaire. — Il est installé dans l'ancien hôtel de la surintendance des bâtiments de la Couronne (construit en 1683) près de la grille de l'Orangerie. Mgr Blanquart de Bailleul en fit l'acquisition en 1831 pour y transférer le petit séminaire fondé à Mantes, en 1826.

Supérieur : M. Lemareschal, chanoine honoraire.

Paroisse de Notre-Dame de Mantes

Curé : M. Salmon ✳, chanoine honoraire, rue aux Prêtres, 3.

1er Vicaire : M. Renusson, rue de la Heuse, 8.

✳ — M. P. Bonnin, rue Notre-Dame, 6.

3e — M. A. Jacquemot, rue de la Gabelle, 17.

Sacristain : M. Olivier, rue du Fort, 16.

CONSEIL DE FABRIQUE

Président : M. Bosson ✳ A.

Trésorier : M. de Camboulas.

Secrétaire : M. Brown.

Membres : MM. Josten, Le Sieur.

DROITS DE LA FABRIQUE POUR LES MARIAGES

1er ordre : 190 à 300 fr.
2e   —   110 fr.
3e   —   80 fr.   environ.
4e   —   40 fr.
5e   —   22 fr.
6e   —   12 fr.

DROITS POUR LES ENTERREMENTS

1er ordre : 600 fr.
2e   —   370 fr.
3e   —   200 fr.   environ.
4e   —   115 fr.
5e   —   50 fr.
6e   —   18 fr.

Pour les enfants au-dessous de 7 ans : 9 fr.

ANNEXES, CHAPELLES, PAROISSES
PAR CANTONS OU DOYENNÉS
—

P, Paroisse. — A, Annexe — C, Chapelle.

COMMUNES	CURÉS OU DESSERVANTS	PATRONS ET TITULAIRES
CANTON DE BONNIÈRES. — *Decanatus Bonneriarum.*		
	MM.	
P Bonnières	Poiffait	Nat. Se Vierge
P Bennecourt	N	S. Ouen.
P Blaru	Courteille	S. Hilaire.
P Boissy-Mauvoisin . .	Vincent	S. Pierre.
P Bréval	Berlancourt . . .	S. Laurent.
P Chaufour	Le curé de Cravent . .	Transfig. N.S.
P Cravent	Morel	Nat. Se Vierge
A Farrieux	Le curé de Soindres . .	Nat. Se Vierge
P Fontenay-Mauvoisin .	Le curé de Soindres . .	S. Nicolas.
P Freneuse	Thirion	S. Martin.
P Gommecourt	Guénon	SS. Crépin Cr.
P Jeufosse	Le curé de la Villeneuve .	Ass. Se Vierge
P Jouy-Mauvoisin . . .	Le curé de Perdreauville .	Se Foi.
P Limetz	Lemercier	S. Sulpice.
P Lommoye	Prévost	S. Léger.
A Ménerville	Curé de Boissy-Mauvoisin .	S. Caprais.

COMMUNES	CURÉS OU DESSERVANTS	PATRONS ET TITULAIRES
	MM.	
P Méricourt	Le curé de Mousseaux . .	Nat. Se Vierge
A Mesnil-Renard	Le curé de Bonnières . .	Ass. Se Vierge
P Moisson.	Audier.	S. Léger.
P Mousseaux.	Pergaud	S. Léger.
P Neauphlette	Le curé de Bréval. . . .	S. Martin.
P Perdreauville	Prévot.	S. Martin.
A Port-Villez	Le curé de Blaru.. . . .	S. Pierre.
P Rolleboise.	Le curé de Freneuse. . .	S. Michel.
P St-Illiers-la-Ville . .	Soret	S. Illiers.
P St-Illiers-le-bois . .	Marcille	Se Trinité.
A Tertre-St-Denis. . .	Le curé de Longnes. . .	S. Laurent.
P Villeneuve-en-Cherrie (la)	Lebarbu.	S. Nicolas.

CANTON DE HOUDAN. — *Decanatus Houdani.*

COMMUNES	CURÉS OU DESSERVANTS	PATRONS ET TITULAIRES
P Houdan.	Coste	S. Jacq. maj.
	Simon, vicaire	
P Adainville.	Le curé de Hauteville.. .	S. Denis.
P Bazainville.	Rioche.	S. Nicolas.
C Boissets.	Le curé de Tilly.	S. Hilaire.
P Bourdonné	Dubois.	S. Martin.
P Civry-la-Forêt	Le curé de Gressey . . .	S. Barthélemy
A Condé-sur-Vègre. . .	Le curé de Bourdonné .	S. Germ. d'A.
A Courgent	Le curé de Septeuil. . .	S. Cloud.
P Dammartin.	Boissis.	S. Martin.
A Dannemarie.	Le curé de Houdan . . .	Se Anne.
A Flins-Neuve-Eglise .	Le curé de Tilly.	S. Denis.
P Gambais.	Quillery	S. Aignan.
A Grandchamp.	Le curé de Hauteville. .	S. Blaise.
P Gressey.	Notte.	S. Pierre.
A Hargeville.	Le curé d'Arnouville. . .	S. André.
P Hauteville (la). . . .	Oudot	Se Madeleine.
P Longnes.	Gasparoux	S. Pierre.
P Maulette.	Simon, vicaire à Houdan.	S. Pierre.
P Mondreville	Le curé de Longnes. .	S. Christophe.
P Montchauvet.	Le curé de Dammartin.	Se Madeleine.
A Mulcent.	Le curé de Septeuil. . .	S. Etienne.
P Orvilliers	Gilles.	S. Martin.
A Osmoy	Le curé de Septeuil . . .	S. Cloud.
P Prunay-le-Temple. .	Le curé d'Orvilliers. . .	S. Martin.
P Richebourg	Droubin	S. Georges.
P S. Martin-des-Champs.	N.	S. Martin.
P Septeuil	Berthelot.	S. Nicolas.
A Tartre-Gaudran (le). .	Le curé de la Hauteville.	S. Pancrace.

COMMUNES	CURÉS OU DESSERVANTS	PATRONS ET TITULAIRES
	MM.	
A Thionville	Le curé de Houdan, . .	S. Nicolas.
P Tilly	Dubois.	Nat. Se Vierge

CANTON DE LIMAY. — *Decanatus Limayi.*

P Limay	Giguet.	S. Aubin.
P Brueil	Le curé de Sailly . . .	S. Denis.
P Drocourt	Dengreville.	S. Denis.
P Follainville. . . .	Quintard.	S. Martin.
P Fontenay-St Père. .	Duché.	S. Denis.
P Gargenville . . .	Ancourt	S. Martin.
P Guernes. . . .	Hétet	Ass. Se Vierge
P Guitrancourt . . .	Guillot.	S. Ouen.
P Issou.	Le curé de Porcheville.	S. Martin.
P Jambville	Le curé de Frémainville.	Ass. Se Vierge
P Juziers	Thévenot.	S. Michel.
P Lainville	Mangenot	S. Martin.
P Montalet-le-Bois . .	Le curé de Lainville. .	Nat. Se Vierge
P Oinville.	Le curé de Séraincourt.	S. Séverin.
P Porcheville . . .	Briant.	S. Séverin.
P Sailly.	Nouet	S. Sulpice.
P St-Martin-la-Garenne. .		S. Martin.

CANTON DE MAGNY. — *Decanatus Magniaci.*

P Magny.	N.	Nat. Se Vierge
	Cosson, vicaire, ...	
	Pluot, vicaire.	
P Aincourt. . . .	Nereu	S. Martin.
P Ambleville. . . .	N.	SS. Don. et R.
P Aménucourt. . . .	Le curé de Bray-Lû. . .	S. Léger.
P Arthies	Langlois	S. Aignan.
A Arthieul. . . .	Le curé de Magny. . .	
A Banthelu	Le curé de Cléry. . . .	S. Géréon
C Blamécourt . . .	Le curé de Magny. . .	S. Jacques.
P Bray-Lû. . . .	Baron	Nat. Se Vierge
P Buhy.	Le curé de St-Clair. . .	S. Saturnin.
A Chapelle (la). . . .	Le curé de St-Gervais.	S. Nicolas.
A Charmont. . . .	Le curé de Magny. .	
P Chaussy. . . .	Héner	SS. Crépin Cr.
P Chérence	Le curé de Villers-en-Arthies.	S. Denis.
P Genainville . . .	Grados.	S Pierre.
A Haute-Isle. . . .	Le curé de La Roche-Guyon	Ann. Se Vierge
C Hodent. . . .	Le curé de Magny. . .	Se Marguerite.

	COMMUNES	CURÉS OU DESSERVANTS	PATRONS ET TITULAIRES
		MM.	
P	Maudétour.	Le curé d'Arthies	Ass. Se Vierge
P	Montreuil-sur-Epte . .	Folley.	S. Denis.
P	Omerville.	Beldame.	S. Martin.
P	Roche-Guyon (La). . .	Portier.	S. Samson.
P	Saint-Clair-sur-Epte. .	Cochard.	S. Clair.
P	St-Cyr-en-Arthies. . .	Boutin.	S. Cyr.
P	St-Gervais.	Drouet.	S. Gervais.
C	Velannes		S. Gilles.
P	Vétheuil.	Amaury	Nat. Se Vierge
A	Vienne-en-Arthies. . .	Le curé de Vétheuil. . .	S. Jos. Jean.
P	Villers-en-Arthies. . .	Le Manchec.	S. Martin.
P	Wy, dit Joli-Village. .	Bonhomme.	S. Romain.

CANTON DE MANTES. — *Decanatus Medunte.*

P	Mantes	Salmon, ✲.	Ass. Se Vierge
		Renusson, 1er vicaire . .	
		Bornin, 2e vicaire. . . .	
		Jacquemot, 3e vicaire . .	
A	Andelu.	Le curé de Thoiry. . . .	Nat. N. S.
P	Arnouville.	Chatinière.	S. Aignan.
A	Auffreville (Brasseuil).	Le curé de Mantes-la-Ville	S. Barthélemy
P	Boinville	Langlais.	S. Martin.
P	Boinvilliers	Le curé de Vert.	S. Clément.
P	Breuil-bois-Robert . .	Le curé de Guerville. . .	S. Gilles.
P	Buchelay	Le curé de Mantes-la-Ville.	S. Sébastien.
P	Epône	Basset.	S. Béat.
P	Falaise (La).	Le curé de Nézel. . . .	Nat. Se Vierge
A	Flacourt	Le curé de Vert.	S. Clément.
P	Gassicourt.	Jacquemot.	Se Anne.
P	Goussonville.	Le curé de Guerville. . .	S. Denis.
P	Guerville	Ducatel	S. Martin.
P	Jumeauville.	Claudel	S. Pierre.
A	Magnanville	Le curé de Soindres. . .	S. Jacques.
P	Mantes-la-Ville. . . .	Louvet.	S. Etienne.
P	Mézières	Delaplace.	S. Nicolas.
C	Rosay.	Le curé de Villette. . . .	Se Anne.
P	Rosny	Lépine.	S. Lubin
C	Senneville.	Le curé de Guerville. . .	S. Jean-Bapt.
P	Soindres.	Plougastel.	S. Martin.
P	Vert	Gilleron.	S. Martin.
P	Villette.	Bellaunay.	S. Martin.

CULTE PROTESTANT

ÉGLISE RÉFORMÉE.

Le département de Seine-et-Oise est divisé en deux paroisses : celle de Versailles et celle de Saint-Germain-en-Laye. Mantes appartient à la seconde, avec le titre d'*Annexe*.

Pasteur de l'annexe : M. Faure, à Limay, route nationale, 29.

Le temple est situé route de Gassicourt, 4. — On y célèbre l'office divin le 2e et le 5e dimanche du mois, à 2 h. 1/2. — Conférences populaires le jeudi, à 8 h. du soir.

Le culte est célébré à Gloton (hameau de Bennecourt), le 3e dimanche du mois, à midi ; — à Gommecourt, le 1er dimanche du mois, à midi ; — à Senneville (hameau de Guerville), le 2e dimanche du mois, à 11 heures.

FINANCES

TRÉSORERIE GÉNÉRALE, RECETTE PARTICULIÈRE, PERCEPTIONS

Les trésoriers-payeurs généraux sont substitués aux droits et obligations attribués précédemment aux receveurs généraux et aux payeurs. Ils sont chargés, ainsi que les receveurs particuliers d'arrondissement, de faire opérer, *sans autres frais que ceux de l'agent de change*, les achats et ventes de rentes sur l'État. Ils sont chargés également des demandes de *bons* du Trésor à terme, du payement des coupons des emprunts de la ville de Paris, et de ceux du Crédit Foncier de France.

Trésorier général : M. Gaillard, ✻, à Versailles, rue des Réservoirs, 1.

Les bureaux (rue du Peintre-Lebrun, 7, à Versailles), sont ouverts de 9 h. et 1/2 à 4 heures. Les caisses ferment à 2 heures

Recette de Mantes

Receveur particulier : M. le comte de Perthuis, ✻.

Fondé de pouvoir : M. N.

Teneur de livres : M. Expert.

Employés : MM. Camus ; — Samier.

Les bureaux situés dans la maison de l'ile aux Dames, sont ouverts au public tous les jours non-fériés, de 9 h. à midi, et de 1 heure à 5 heures — La caisse ferme à 3 heures.

Perceptions

L'arrondissement de Mantes compte 15 *perceptions* : 7 de 2e classe, 2 de 3e, 4 de 4e, et 2 de 5e, plus une *recette spéciale* de la ville, des hospices civils et du bureau de bienfaisance de Mantes.

RENSEIGNEMENTS POUR LES CONTRIBUABLES

1° Les demandes en décharge ou réduction doivent être adressées au sous-préfet, dans un délai de trois mois qui court à partir *du jour de la publication du rôle*.

2° Les frais de l'avertissement, modèle I, étant compris dans le rôle, le contribuable doit le recevoir sans frais, à domicile.

3° Les contributions directes sont exigibles par douzième. Mais, en cas de déménagement hors du ressort de la perception, comme en cas de vente volontaire ou forcée, la contribution personnelle mobilière doit être payée pour toute l'année courante.

4° Les demandes de remise ou modération pour pertes occasionnées par des événements extraordinaires, doivent être faites dans les quinze jours qui suivent ces événements.

5° Les réclamations en dégrèvement pour vacance totale ou partielle de maisons, ou pour chômage d'usines, doivent être déposées dans les quinze jours qui suivent l'année, ou le trimestre *d'inhabitation* ou du chômage.

Ces délais sont de rigueur.

CHEF-LIEU de la PERCEPTION	RÉSIDENCE du PERCEPTEUR	NOM des PERCEPTEURS		NOMBRE ET NOM des COMMUNES	Classe	Cautionnement
		MM.				
Mantes . . .	Mantes, rue de l'Eglise.	Clausener O ✳	7	Mantes Auffreville Buchelay Gassicourt Magnanville Mantes-la-Ville Rosny	2	15.900
Bonnières.	Bonnières.	Blanchery.	9	Bonnières Bennecourt Freneuse Gommecourt Limetz Méricourt Moisson Mousseaux Rolleboise	2	13.100
Bréval . . .	Mantes.	Ferlon.	10	Bréval Boissy-Mauvoisin Favrieux Fontenay-Mauvoisin Jouy-Mauvoisin Ménerville Neauphlette Perdreauville St-Illiers-le-Bois Tertre-Saint-Denis	3	11.200
Brueil . . .	Brueil.	Duchesne.	9	Brueil Drocourt Gargenville Jambville Juziers Lainville Montalet-le-Bois Oinville Sailly	2	9.800
Dammartin.	Dammartin.	Roquet.	7	Dammartin Boissets Flins-Neuve-Eglise Longnes	5	10.800

CHEF-LIEU de la PERCEPTION	RÉSIDENCE du PERCEPTEUR	NOM des PERCEPTEURS		NOMBRE ET NOM des COMMUNES	Classe	Cautionnement
Dammartin.	»	MM. »	»	Mondreville Montchauvet Tilly	»	»
Epône. . . .	Epône.	Vénot.	7	Epône Andelu Boinville Falaise (la) Goussonville Jumeauville Mézières	2	10.100
Gambais . .	Houdan.	de Chalus.	8	Gambais Adainville Bazainville Bourdonné Condé Grandchamp Hauteville (la) Tartre-Gaudran	4	9.500
Houdan . .	Houdan.	Legous.	6	Houdan Dannemarie Gressey Maulette Richebourg Thionville	4	15.300
Limay . . .	Limay.	Godde.	8	Limay Follainville Fontenay-St-Père Guernes Guitrancourt Issou Porcheville St-Martin-la-Garenne	2	15.800
Magny . .	Magny.	Pellerin.	11	Magny Arthies Arthieul Banthelu Blamécourt Charmont	2	17.300

CHEF-LIEU de la PERCEPTION	RÉSIDENCE du PERCEPTEUR	NOM des PERCEPTEURS	NOMBRE ET NOM des COMMUNES	Classe	Cautionnement.
		MM.			
Magny . . .	»	»	Genainville Hodent Maudétour St-Gervais Wy	»	»
Montreuil. .	Magny.	Tribaut.	Montreuil 8 Ambleville Bray et Lû Buhy Chaussy Chapelle (la) Omerville St-Clair-sur-Epte	2	10.200
Septeuil . .	Septeuil.	Dumontel.	Septeuil 9 Civry Courgent Hargeville Mulcent Orvilliers Osmoy Prunay S-Martin-des-Champs	4	13.200
Vétheuil . .	Vétheuil.	Puille.	Vétheuil 9 Aincourt Aménucourt Chérence Haute-Isle Roche-Guyon St-Cyr-en-Arthies Vienne Villers-en-Arthies	3	11.700
Villeneuve-en-Chevrie.	Bonnières.	Guyot.	Villeneuve 8 Blaru Chaufour Cravent Jeufosse Lommoye Port-Villez St-Illiers-la-Ville	4	9.900

CHEF-LIEU de la PERCEPTION	RÉSIDENCE du PERCEPTEUR	NOM du PERCEPTEUR	NOMBRE ET NOM des COMMUNES	Classe	Caution-nement.
Villette . .	Mantes.	M. Prévost.	9 Villette Arnouville Boinvilliers Breuil-bois-Robert Flacourt Guerville Rosay Soindres Vert	3	15.400

Recette spéciale de la ville, des hospices et du bureau de bienfaisance de Mantes

Receveur : M. Lauvray, rue de l'Église, 8.
Bureaux, rue de la Heuse, 7.

Jours de recette de la perception de Mantes

Lundi, mercredi, vendredi, samedi, de 9 heures à 4 heures.
Bureaux, rue de l'Église, 7.

Les contribuables qui désirent se libérer en une fois doivent payer en juin,

Ceux qui désirent se libérer en deux fois doivent payer en mars et septembre.

Ceux qui se libèrent en trois fois paient en février, juin et octobre.

Enfin ceux qui désirent se libérer en quatre fois paient en février, mai, août et novembre. (*Circulaire du 27 mai 1858*).

CONTRIBUTIONS DIRECTES ET CADASTRE

Contrôleurs. Les contrôleurs font le recensement des patentables, le travail annuel des mutations; rédigent les matrices de rôle, vérifient et instruisent les réclamations, les états de dégrèvement produits par les percepteurs, et tiennent à jour les matrices cadastrales déposées dans les mairies, etc.

Contribution foncière. Excepté pour la commune civ:le résident, les contrôleurs sont assistés par les percepteurs pour la réception des déclarations de mutation de propriétés à opérer annuellement dans les rôles de contribution foncière, et pour la rédaction des extraits de matrice indiquant les parcelles qui sont l'objet de mutations. — Tous les trois mois (aujourd'hui — par tolérance — tous les six mois), les contrôleurs adressent aux percepteurs le relevé des actes translatifs de propriété, formés dans les bureaux de l'enregistrement.

Contribution des portes et fenêtres. Sont imposables :

1º Les portes et fenêtres des maisons, bâtiments, usines donnant sur les rues, champs, prés, cours ou jardins, excepté celles qui servent à éclairer ou à aérer les granges, bergeries, étables, greniers, caves et autres locaux non destinés à l'habitation des hommes ; excepté également les portes et fenêtres des bâtiments affectés à un service public : civil, militaire, d'instruction, ou aux hospices. — Les établissements consacrés à l'instruction ne sont exempts que s'ils sont entretenus par les deniers publics, ou dirigés par des professeurs nommés par l'administration.

2º Les portes cochères, charretières, ou de magasin.

3º Les portes des bâtiments à moins de six ouvertures, situés dans les villes de 5,000 âmes et au-dessus, et servant de magasins.

4º Les fenêtres et portes simples.

N. B. Les portes cochères qui ne peuvent servir aux voitures, à cause de leur élévation au-dessus du sol, sont considérées comme portes simples.

Contribution personnelle mobilière. Tout individu, français ou étranger, de l'un ou de l'autre sexe, et jouissant de ses droits, doit la contribution personnelle mobilière. Sont exemptés les indigents, et les agents diplomatiques ou consulaires des nations étrangères, à moins que ces agents ne soient nés en France ou naturalisés français.

Le loyer imposable consiste dans les bâtiments servant d'habitation : mais on doit en défalquer les magasins, boutiques, auberges, usines, fabriques et ateliers pour lesquels le contribuable paie patente ; les locaux destinés à loger et à instruire des élèves ; les bureaux des fonctionnaires publics ; les bureaux, boutiques et magasins des commissionnaires au mont-de-piété, des débitants de papier timbré, de tabac ; et ceux des entreposeurs de tabacs.

Sont considérés comme faisant partie du loyer d'habitation : 1º, les chapelles particulières non légalement consacrées à un culte public ; 2º, les châteaux que le propriétaire tient en totalité à sa disposition, lors même qu'une seule partie du château serait en état d'être habitée. Mais si l'on n'a meublé qu'une seule pièce pour servir de pied-à-terre au propriétaire lorsqu'il vient veiller à l'entretien de son domaine, on n'évalue que la pièce occupée ; 3º, les écuries et les remises, si les chevaux et les voitures ne servent pas à l'exercice d'une profession patentable ou à une exploitation rurale.

Contribution des patentes. Le patenté paie un *droit fixe* et un *droit proportionnel* : la quotité du droit fixe et le taux du droit proportionnel sont réglés par les tableaux annexés aux lois des 25 avril 1844, 18 mai 1850, et suivantes.

Dans les villes de 5,000 à 10,000 âmes, le *droit fixe* est de 60 fr. par an pour les patentes de 1re classe ; de 40 fr. pour celles de

2e ; de 25 pour celles de 3e ; de 20 pour celles de 4e ; de 12 pour celles de 5e ; de 8 pour celles de 6e ; de 5 pour celles de 7e, et de 4 pour celles de 8e classe.

Dans les villes de 2,000 à 5,000 habitants, la 1re classe paie 45 fr. ; la 2e, 30 ; la 3e, 22 ; la 4e, 18 ; la 5e, 9 ; la 6e, 6 ; la 7e, 4 ; et la 8e, 3 fr.

Villes de 2,000 âmes et au-dessous : 1re classe, 35 fr. ; 2e, 25 ; 3e, 18 ; 4e, 12 ; 5e, 7 ; 6e, 4 ; 7e, 3 ; 8e, 2 fr.

« Le patentable ayant plusieurs établissements, boutiques ou magasins de même espèce ou d'espèces différentes, est — quelle que soit la classe ou la catégorie à laquelle il appartient comme patentable — passible d'un *droit fixe entier*, en raison du commerce, de l'industrie, ou de la profession exercée dans chacun de ces établissements, boutiques ou magasins. » (Loi du 29 mars 1872.)

Le *droit proportionnel* est établi d'après la valeur locative de la maison d'habitation et de tous les locaux servant à l'exercice de la profession. (Loi du 25 avril 1844, art. 9). — Les patentables des 7e et 8e classe ne paient pas le droit proportionnel dans les communes de moins de 20,000 habitants, et dans les banlieues dont la population est inférieure à ce chiffre.

Prestation en nature. Aux termes de la loi du 21 mai 1836, tout chef de famille ou d'établissement — qu'il soit propriétaire, régisseur, fermier, ou colon partiaire, — doit la prestation en nature, s'il est valide et âgé de 18 ans au moins, de 60 ans au plus. Il est imposé, non-seulement pour sa personne, mais pour chaque individu valide âgé de 18 à 60 ans, membre ou serviteur de sa famille et résidant dans la commune. Il doit également la prestation pour toute charrette et voiture attelée, pour chaque bête de somme, de trait ou de selle, au service de la famille ou de l'établissement, dans la commune.

Bureaux : rue Berthier, 53, à Versailles.

Directeur : M. Le Breton de la Bonnelière, ✳.

Contrôleurs de l'arrondissement : MM. Thiringer, rue Porte-aux-Saints, 25, à Mantes.

Guilmain, rue de Berry, 1, à Mantes.

Greslot, avenue de Saint-Cloud, 6, à Versailles.

ENREGISTREMENT, DOMAINES ET TIMBRE

ATTRIBUTIONS DE L'ADMINISTRATION

Ces attributions sont fort nombreuses ; en voici le sommaire :

Enregistrement des actes civils publics, sous signature privée, et administratifs ; des arrêts, jugements, actes judiciaires et extrajudiciaires ; — réception des déclarations de mutations par décès, de mulations verbales à titre onéreux d'immeubles, de propriété de fonds de commerce ou de clientèles, et des déclarations de locations verbales d'immeubles ; — perception des droits d'enregistrement, de mutation, de greffe, et des amendes applicables à ces actes ou transmissions ; — recouvrement des droits de transmission sur les titres des départements, communes, établissements publics français, des villes, provinces, corporations et autres établissements publics étrangers, des sociétés françaises et étrangères ; — perception de la taxe sur les assurances maritimes ou contre l'incendie ;

Débite des papiers timbrés, timbres mobiles, passeports et permis de chasse ; — visa pour timbre ; — perception des droits et amendes de timbre ;

Accomplissement des formalités hypothécaires (inscription de créances et transcription d'actes) ; perception des droits établis pour ces formalités ;

Perception des droits de sceau et de chancellerie ;

Recouvrement des amendes de consignation ; — avance des frais de justice criminelle ou de police, et des frais de poursuite ;

Régie et administration des propriétés de l'État, autres que les forêts et les biens affectés à un service public ; — recouvrement des produits et revenus domaniaux et de ceux des établissements spéciaux régis ou affermés par l'État ; des produits accessoires des forêts domaniales et des frais d'administration des bois des communes et des établissements publics ; — vente du mobilier de l'État, des épaves, animaux saisis, objets délaissés ; — régie des biens vacants et sans maître ; — séquestre et administration des biens de contumax ; — recherche et prise de possession des successions en déshérence ; — examen et discussion des comptes des curateurs aux successions vacantes ;

Avances et recouvrements (qualifiés *opérations de trésorerie*) à effectuer en matière d'assistance judiciaire ou pour le compte de l'administration des douanes, de la caisse des dépôts et consignations, des communes et établissements publics, de l'administration des postes, etc. ;

Recouvrement de l'impôt sur le revenu des valeurs mobilières françaises et étrangères (loi du 29 juin 1872) ;

Surveillance à exercer en ce qui concerne l'exécution de certaines obligations imposées aux officiers publics par la loi du 25 ventôse an XI, des articles 67, 68 et 176 du code de commerce, 1391 et 1394 du code civil ;

Concours des directeurs ou de leurs délégués pour la composition des bureaux d'assistance judiciaire (loi du 21 janvier 1851) ; — estimation, par ces chefs de service, des cautionnements immobiliers fournis par les concessionnaires des magasins généraux, et inscriptions à requérir, au nom de l'administration, dans l'intérêt des tiers, sur les immeubles affectés à ces cautionnements (loi du 31 août 1870). Enfin, concours des directeurs pour l'application de la loi du 2 août 1872, relative à l'expropriation des fabriques d'allumettes chimiques.

Indépendamment des attributions ci-dessus, l'administration est encore chargée de surveiller la fabrication des papiers destinés à la débite, et d'en faire opérer le timbrage. Ces papiers sont fabriqués dans une usine spéciale établie à Arches (Vosges), et fournis aux conditions arrêtées suivant un marché passé par adjudication.

Le timbrage a lieu à l'atelier général, à Paris, où les papiers sont ensuite mis en rames et conservés jusqu'à ce qu'ils soient expédiés dans les départements, suivant les besoins du service.

HISTORIQUE

Il existait, avant la Révolution, des droits de contrôle des actes et des exploits, des droits de greffe, des droits de sceau des actes notariés, des droits d'amortissement de nouvel acquêt, etc. Les uns étaient perçus par des fermiers ou par leurs préposés ; d'autres étaient recouvrés par des personnes ayant charge ou office à cet effet.

Enregistrement. — L'Assemblée constituante, par la loi des 5 - 9 décembre 1790, abolit ces droits dont la création remontait à des époques différentes, et soumit à un enregistrement :

Les actes des notaires,
Les exploits des huissiers,
Les actes judiciaires (minutes et expéditions),
Certains actes sous signatures privées,
Les titres de propriété ou d'usufruit des biens immeubles, et les mutations de ces biens.

L'art. 15 de cette loi déclare qu'il sera établi des bureaux d'enregistrement dans les chefs-lieux d'arrondissement, et, s'il y a lieu, dans les cantons.

Timbre. — Le 9 janvier 1791, la distribution du timbre est confiée aux bureaux de l'enregistrement.

Domaines. — Le 7 février de la même année, on leur donna également la régie des domaines qui, jusque-là, avaient formé une partie distincte de l'administration.

Hypothèques. — La loi du 9 messidor an III (27 juin 1795) établit un nouveau régime hypothécaire; elle créa un bureau de conservation des hypothèques par district, placé dans la commune où siégeait le tribunal, et divisé en autant d'arrondissements qu'il existait de recettes de l'enregistrement dans le canton.

Organisation actuelle. — Quant à l'organisation administrative, elle résulte de deux lois : celle des 8, 9, 15 mai 1791, et celle des 16, 18, 27 mai de la même année. Elle subsiste encore dans ses dispositions principales, qui donnent à chaque département un directeur et un inspecteur, plus un nombre de vérificateurs qui varie suivant l'importance du département.

En principe, chaque canton doit avoir un receveur; mais, dans certains cas, deux cantons peuvent faire partie de la même recette. Exemple : Mantes et Limay.

Mantes a deux recettes, mais leurs attributions sont différentes.

PERSONNEL

Directeur de l'enregistrement, } M. Gagneur ✳, à Versailles, rue
des domaines et du timbre : } Sainte-Victoire, 6.
Inspecteur : M. Rémond, à Versailles.
Vérificateur : M. Guignet, à Mantes, rue Tellerie.
Conservateur des hypothèques : M. Dupont, à Mantes, rue du Fort, 6.

RECEVEURS

Mantes et Limay : {
Actes civils (notariés), successions, timbre :
M. Crovisier, à Mantes, rue Faubourg-Saint-
Lazare, 15.
Actes judiciaires, timbre, domaine : M. Hudault,
à Mantes, Grande-Rue, 21.

Bonnières : M. Lefèvre, à Bonnières.
Houdan : M. Breton, à Houdan.
Magny : M. Darras, à Magny.
Surnuméraire : M. Lelong, à Mantes.

OBSERVATIONS PRATIQUES

1° Toute facture *au-dessus de 10 francs* doit être revêtue d'un timbre bleu mobile de 10 centimes, sur lequel on date et on signe pour acquit. Même obligation pour les quittances et reçus. A partir de 10 fr. et une fraction, le timbre est obligatoire.

2° Tout effet de commerce, mandat, venant de l'étranger, doit, avant d'être négocié, être revêtu d'un timbre pour annulation. Ces timbres mobiles sont de 15 centimes pour chaque 100 francs ou fraction de 100 francs.

3° Les locations verbales doivent être déclarées au bureau de l'enregistrement dans les trois mois de l'entrée en jouissance. — Les baux écrits sous seings privés sont enregistrés dans les trois mois de l'acte ; à moins que l'entrée en jouissance ne soit antérieure à la rédaction du bail, auquel cas, le délai court à partir de l'entrée en jouissance. Le droit est de 25 centimes par 100 francs, décime compris. Le propriétaire et le locataire sont responsables du payement.

A défaut d'enregistrement ou de déclaration, il est dû un droit en sus qui ne peut être inférieur à 62 fr. 50, décimes compris.

4° Tout particulier a le droit de demander communication de la situation hypothécaire d'un individu quelconque, au moyen d'une *réquisition* sur papier libre, et signée par lui. Le conservateur des hypothèques est obligé de faire droit à sa demande.

S'il n'a été pris aucune inscription, le conservateur en donne acte, et reçoit un droit de un franc. Si, au contraire, il en a été pris, le conservateur remet copie textuelle de chacune des inscriptions, contre payement de un franc par inscription, plus le coût du papier timbré.

TABLEAU DES DROITS DE MUTATION PAR DÉCÈS

(Loi du 18 mai 1850)

En ligne directe.	1	p. %
Entre époux.	3	—
Enfants naturels et époux, héritiers à défaut de parents au degré successible et à défaut de testament en leur faveur	9	—
Entre frères, sœurs, oncles, tantes, neveux et nièces.	6 50	—
Entre grands-oncles, grand'tantes, petits-neveux, petites-nièces et cousins-germains.	7	—
Entre parents au-delà du 4e degré, jusqu'au 12e. . .	8	—
Entre personnes non parentes.	9	—

Ces droits, auxquels il faut ajouter le double-décime et le demi-décime, soit le quart en sus, sont dûs pour les meubles et les immeubles.

N.-B. — Les mutations de propriété ou d'usufruit par décès sont enregistrées au bureau de la situation des biens. S'il s'agit d'une mutation de biens meubles au même titre, la déclaration sera faite au bureau dans l'arrondissement duquel ils seront trouvés au décès de l'auteur de la succession. — Les rentes et autres biens meubles, sans assiette déterminée, lors du décès, doivent être déclarés au bureau du domicile du décédé.

CONTRIBUTIONS INDIRECTES

(BUREAUX DE LA SOUS-DIRECTION DE MANTES, RUE DE LA PERLE)

L'administration des contributions indirectes est chargée de la perception des droits sur les boissons, les sels, les huiles, les vinaigres et acides acétiques, les voitures publiques, la navigation, les matières d'or et d'argent, les marques de fabrique et de commerce, la dénaturation des alcools, les sucres, les allumettes, la chicorée, le papier, le savon, les bougies, les cierges, la stéarine, la dynamite, les chemins de fer, les bacs et passages d'eau, la pêche, les francs-bords, les cartes à jouer, les tabacs et les poudres à feu. Elle est, en outre, chargée de la régie des douanes.

L'impôt sur les *boissons* frappe le vin, le cidre, le poiré, l'hydromel, la bière, les eaux-de-vie, les esprits, les fruits à l'eau-de-vie, les piquettes ou rapés provenant de vendanges ou de fruits à cidre et à poiré, et les vins factices.

Tout déplacement de boissons nécessite — de la part des particuliers — le paiement d'un droit de *circulation*, pour les vins et les cidres; d'un droit de *consommation* pour les spiritueux (eaux-de-vie, esprits et liqueurs). Ces droits sont acquittés, avant l'enlèvement des bois-

6

sons, dans les bureaux établis à cet effet dans chaque localité. Le montant de la taxe d'octroi s'ajoute à ces droits.

En cas de changement de domicile, le transport — en franchise — des boissons, peut-être autorisé : le *congé* est alors remplacé par un *acquit*, lequel devra être remis au bureau de destination aussitôt le transport effectué, sous peine d'une amende de 6 fois le droit de circulation, ou de 2 fois celui de consommation.

Les bières circulent en franchise, sauf la taxe de l'octroi ; le droit qui en frappe la fabrication, est acquitté par le brasseur.

Quant aux boissons à destination de débitants ou de marchands en gros on les expédie au moyen d'*acquits-à-caution*, c'est-à-dire avec suspension de paiement du droit.

La place nous manque cette année pour parler des autres impôts énumérés ci-dessus. Nous donnerons seulement quelques chiffres qui, intéressent le chasseur et le fumeur.

Prix de la poudre de chasse, *fine* : 11,85 le kilogr.
— *superfine* : 15 » —
— *extrafine* : 19,35 —
Tabac *scaferlati*, ordinaire, 12,50 le kilogr.

Observation pratique. — Pour se livrer à domicile une barrique de vin d'une contenance de 220 litres, un particulier paie, dans le département de Seine-et-Oise, la somme de.................... 5.50

Congé et timbre   20
                 _____

Total 5.70

A cette somme s'ajoutent les droits d'octroi.

Si le vin est en bouteilles (soit 220 litres à 18,75 l'hectolitre), les 220 bouteilles paieront...................... 41.25

Congé et timbre   20
                 _____

Total 41.45

Toute bouteille contenant plus de 50 centilitres est considérée comme bouteille de litre.

Directeur du département : M. Boursy, avenue de Saint-Cloud, 32, à Versailles.

PERSONNEL DE L'ARRONDISSEMENT

Sous-directeur : M. Charles Amyot, à Mantes, rue Saint-Pierre, 38.
Bureaux : rue de la Perle, au coin de la rue Saint-Pierre.

1er commis de sous-direction : M. Delaon, rue Notre-Dame, 5.

Surnuméraire : M. de Brière.

Receveur principal, entreposeur : M. Alfred Le Mareschal, rue d'Artois, 4, Mantes.

MANTES

Commis principal, chef de poste : M. Pierre Mariguy, rue Porte-aux-Saints, 1.
Commis : MM. Hérou, Bordy, Coldeville.
Surnuméraire : M. Rozières.

BANLIEUE DE MANTES

Receveur ambulant : M. Simon, à Mantes, rue d'Artois, 2.
Commis principal adjoint : M. Finot, à Mantes, place Saint-Maclou, 32.

BONNIÈRES

Receveur ambulant : M. Henri Roux.
Commis principal adjoint : M. Constant Milet.

HOUDAN

Receveur ambulant : M. Jean-Louis Morlis.
Commis principal adjoint : M. Cayot.

MAGNY

Receveur ambulant : M. Bumat.
Commis principal adjoint : M. Mouillebœuf.

SEPTEUIL

Receveur ambulant . M. Guais.
Commis principal adjoint : M. Gosset.

FABRIQUE DE SUCRE, A ARTHEUIL

Chef de poste : M. Dérémy.
Commis : MM. Halliez, Croutte.

DISTILLERIE DE BONNIÈRES

Chef de poste, receveur : M. Bizet :
Commis : MM. Pichard, Bachelet.
Préposé : M. Mertrud.

OCTROI DE MANTES

Préposé en chef : M. Le Charpentier, rue du chemin de fer, 36.
Brigadier : M. Gervais, rue aux bœufs.
Surveillants : MM. Coppie, rue du chemin de fer, 48 — Quillet, rue Porte-aux-Saints, 16.

BUREAU DE ROUEN (rue Saint-Pierre, 12)

Receveur : M. Ringeval, rue Saint-Pierre, 12.

BUREAU DE PARIS, (au pont de Mantes)

Receveur : M. Josseaume, place Saint-Maclou.

BUREAU DE HOUDAN

Receveur : M. Courtois, rue Porte aux Saints.

Recettes de l'année 1877

PAR BUREAU		PAR CHAPITRE	
Régie centrale...	4.981.08	Boissons........	13.323.78
Paris..........	11 573.74	Liquides........	1.360.19
Rouen	13.272.26	Comestibles....	17.866.24
Houdan	21.411.58	Combustibles....	11.886.51
		Matériaux.......	6.801.94
Total	51.238.66	Total	51.238.66

POSTES ET TÉLÉGRAPHES

D'après un décret du 27 février 1878, les Postes et les Télégraphes sont réunis en une seule administration sous la direction de M. Ad. Cochery, sous-secrétaire d'État au ministère des finances.

BUREAUX DE L'ADMINISTRATION GÉNÉRALE

A Paris, rue Jean-Jacques Rousseau.

Directeur des Postes de Seine-et-Oise : M. le vicomte d'Amphernet, à Versailles, hôtel des Postes.

Recette de Mantes

Receveur : M. Bernage, place du Marché-au-Blé, n° 18.
1er Commis : M. Rebouillat. | *2e Commis* : M. Constans.

Autres bureaux de l'arrondissement

Bonnières, *receveur* : M. Ricard.
Bray-Lu, *receveuse* : E. Paravey.
Bréval, *receveuse* : Mlle Sudre.
Condé-sur-Vesgre, *receveuse* : Mme Broquet.
Epône, *receveuse* : Mme veuve Butte
Fontenay-Saint-Père, *receveur* : M. Lenchantin.
Houdan, *receveur* : M. Lemarchand.
Magny, *receveuse* : Mlle Pouillard.
Roche-Guyon (La), *receveur* : M. Louis Philippe.
Rosny, *receveuse* : Mme Fostier.
Septeuil, *receveuse* : Mme veuve Londeau.
Vétheuil, *receveuse* : Mlle Portet.

TARIF DES LETTRES ORDINAIRES ET RECOMMANDÉES, CARTES POSTALES,
ÉCHANTILLONS, JOURNAUX, IMPRIMÉS ET PAPIERS D'AFFAIRES

N° 1

Lettres circulant de bureau de poste à bureau de poste, y compris les bureaux situés en Corse et en Algérie.

INDICATION DU POIDS	LETTRES	
	AFFRANCHIES	NON AFFRANCHIES
Jusqu'à 15 gr. inclusivement	0 fr. 25 c.	0 fr. 40 c.
de 15 à 30	0 50	0 80
30 à 50	0 75	1 20
50 100	1 25	1 95
100 150	1 75	2 70

Et ainsi de suite en augmentant de 50 centimes par 50 grammes pour les lettres affranchies, et de 75 cent. pour celles non affranchies.

N° 2

Lettres nées et distribuables dans la circonscription postale du même bureau et de Paris pour Paris.

INDICATION DU POIDS	LETTRES	
	AFFRANCHIES	NON AFFRANCHIES
Jusqu'à 15 gr. inclusivement	0 fr. 15 c.	0 fr. 25 c.
de 15 à 30	0 30	0 50
30 50	0 45	0 75
50 100	0 70	1 15
100 150	0 95	1 55

Et ainsi de suite en augmentant de 25 centimes pour les lettres affranchies, et de 40 centimes pour celles non affranchies.

En cas d'insuffisance d'affranchissement, la taxe est calculée comme si les lettres n'avaient pas été affranchies ; mais il est fait déduction de la valeur des timbres-poste.

LETTRES RECOMMANDÉES

Droit fixe de 50 centimes en sus de la taxe applicable à une lettre ordinaire affranchie, du même poids.

VALEURS DÉCLARÉES

Droit proportionnel de 20 centimes par 100 francs ou fraction de 100 francs déclarés, en sus du droit fixe de chargement et de l'affranchissement de la lettre.
Maximum de la déclaration, 10,000 fr.

BIJOUX ET OBJETS PRÉCIEUX

Droit fixe de 50 centimes, plus 1 0,0 de leur valeur jusqu'à 100 fr. Au-dessus de cent francs, 50 c. par 100 fr. ou fraction de 100 francs jusqu'à 10,000 fr.

AVIS DE RÉCEPTION
20 centimes

N° 3

Journaux et ouvrages périodiques traitant de matières politiques ou d'économie sociale.

INDICATION DU POIDS	PRIX PAR CHAQUE EXEMPLAIRE CIRCULANT	
	Hors du départ. ou des départements limitrophes	Dans l'intérieur du départ. ou dans les départements limitrophes (A)
Jusqu'à 40 gr. inclusivement	» fr. 04 c.	» fr. 02 c.
de 40 à 50	» 05	» 03
de 50 à 60	» 06	» 03
de 60 à 70	» 07	» 04

Et ainsi de suite en ajoutant 1 cent. par chaque dix grammes ou fraction de dix grammes excédant.

(A) NOTA. — Les journaux publiés dans les départements de la Seine et de Seine-et-Oise ne jouissent pas de la réduction de prix pour les départements limitrophes.

N° 4

Journaux, recueils, annales, mémoires et bulletins périodiques, uniquement consacrés aux lettres, aux sciences, aux arts, à l'agriculture et à l'industrie.

INDICATION DU POIDS	PRIX PAR CHAQUE EXEMPLAIRE CIRCULANT	
	Hors du départ. ou des départements limitrophes	Dans l'intérieur du départ. ou des départements limitrophes (A)
Jusqu'à 20 gr. inclusivement	» fr. 02 c.	» fr. 01 c.
de 20 à 30	» 03	» 02
de 30 à 40	» 04	» 02
de 40 à 50	» 05	» 03

Et ainsi de suite, en ajoutant 1 centime par 10 grammes ou fraction de 10 grammes excédant.

(A) Nota — Les journaux publiés dans les départements de la Seine et de Seine-et-Oise ne jouissent pas de la réduction de prix pour les départements limitrophes.

N° 5

Échantillons de marchandises avec ou sans imprimés, épreuves d'imprimerie corrigées, papiers de commerce ou d'affaires, placés sous bandes mobiles, soit dans des enveloppes non fermées, soit dans des sacs ou boîtes faciles à ouvrir.

INDICATION DU POIDS	PRIX PAR PAQUET
Jusqu'à 50 gr. inclusivement	» fr. 05 c.
de 50 à 100	» 10
de 100 à 150	» 15

Et ainsi de suite en ajoutant 5 centimes par 50 grammes ou fraction de 50 grammes jusqu'à 3 kilogrammes.
La limite de poids des échantillons est de 300 grammes.

Nº 6

Circulaires, prospectus, catalogues, avis divers et prix courants, livres, gravures, lithographies en feuilles (brochés ou reliés), et en général tous les imprimés autres que les journaux et ouvrages périodiques sous bandes mobiles.

INDICATION DU POIDS	Prix par exemplaire ou par paquet
Jusqu'à 5 gr. inclusivement	» fr. 02 c.
de 5 gr. à 10 gr.	» 03
de 10 à 15	» 04
de 15 à 50	» 05
de 50 à 100	» 20

Et ainsi de suite en ajoutant 5 centimes par 50 grammes ou fraction de 50 grammes, jusqu'à 3 kilogr.

Nº 7

Les avis de mariage, de naissance et de décès, les prospectus, catalogues, circulaires, prix courants et avis divers, expédiés sous forme de lettres, disposés de manière à pouvoir être facilement vérifiés, ou sous enveloppe ouverte d'un côté.

Les avis de mariage, lorsqu'ils sont doubles, c'est-à-dire lorsque deux avis sont imprimés sur la même feuille ou sur deux feuilles différentes, doivent acquitter une double taxe d'affranchissement, ainsi que tous les autres avis, circulaires, etc.

Les cartes de visite (même deux ensemble) sous enveloppe non fermée, sont assimilées aux cartes de visite ordinaires, — les cartes de visite-portraits photographiés.

INDICATION DU POIDS	OBJETS CIRCULANT	
	Hors de l'arrondissement du bureau	Dans l'arrondissement du bureau
Jusqu'à 10 gr. inclusivement	» fr. 10 c.	» fr. 15 c.
de 10 à 20 gr.	» 20	» 10
de 20 à 30	» 30	» 15

Et ainsi de suite en ajoutant 5 cent. par 10 gr. pour l'arrondissement du bureau, et 10 c. par 10 gr. hors de l'arrondissement du bureau.

CARTES POSTALES

10 c. dans la circonscription postale du même bureau, et de Paris pour Paris.

15 c. de bureau à bureau de poste, y compris la Corse et l'Algérie.

OBJETS RECOMMANDÉS

Les cartes postales et tous les objets circulant à prix réduit. Droit fixe de 25 c. en sus de la taxe qui leur est applicable selon la classe à laquelle ils appartiennent.

Avis de réception : 20 centimes.

ARTICLES D'ARGENT

On désigne sous ce nom les sommes déposées aux bureaux de poste pour être transmises au moyen de mandats. L'expéditeur paie un pour cent de la somme versée, plus un droit fixe (pour timbre) de 25 centimes pour les mandats au-dessus de 10 francs ; mais il a la faculté de prélever le paiement de ces droits sur la somme à envoyer. Le paiement de ces mandats doit être réclamé dans le délai de 2 mois.

MANDATS TÉLÉGRAPHIQUES

Les receveurs de certains bureaux de postes peuvent émettre ou payer des mandats télégraphiques, jusqu'à concurrence de 5,000 francs au maximum. Les déposants qui requièrent la voie télégraphique, doivent fournir — sur un bulletin spécial — les renseignements nécessaires à la rédaction du mandat. Les droits, pour les mandats télégraphiques, sont les mêmes que pour les mandats ordinaires. — Le bureau de Mantes est autorisé à en délivrer.

BILLETS DE LOTERIE

Les billets de loterie, bien qu'imprimés en entier, ne peuvent être affranchis au taux des imprimés.

AFFRANCHISSEMENT DES CIRCULAIRES ÉLECTORALES ET BULLETINS DE VOTE

Le port des circulaires électorales et des bulletins de vote (1) est de 1 centime par chaque exemplaire du poids de 5 gr. et au-dessous.

Le port est augmenté de 1 cent. par chaque 5 gr. ou fraction de 5 gr. excédant.

Lorsque le poids de ces imprimés dépasse 50 gr. ou lorsqu'ils sont réunis en un paquet d'un poids excédant 50 gr., adressé à un seul destinataire, le port est de 10 centimes jusqu'à 100 gr. inclusivement ; au-dessus de 100 gr., le port est augmenté de 1 cent. par chaque 10 gr. ou fraction de 10 gr. excédant.

(1) Lorsqu'un bulletin de vote accompagne une circulaire, ces deux objets sont considérés comme ne formant qu'un seul exemplaire ; les bulletins de vote réunis sur une même feuille, qu'ils soient ou non accompagnés d'une circulaire électorale, sont considérés également comme ne formant qu'un seul et même exemplaire, s'ils sont placés sous la même bande et adressés à un seul destinataire.

UNION GÉNÉRALE DES POSTES
Pays de destination ou de provenance
SECTION I

Allemagne et Héligoland, Autriche-Hongrie, Belgique, Danemark, Islande et Iles Feroë, Egypte, Nubie et Soudan, Espagne, Iles Baléares, Iles Canaries, colonies ou établissements espagnols de la Côte septentrionale d'Afrique, établissements de poste espagnols sur la côte occid. du Maroc, Grande-Bretagne, Gibraltar et Malte, Grèce, Iles Ioniennes, Italie et St-Marin, Luxembourg, Montenegro, Norvége, Pays-Bas, Portugal, Madère et Açores, Roumanie, (Moldavie et Valachie), Russie et Grand-duché de Finlande, Serbie,	Lettres ordinaires (affranchies (A)	30 centimes par 15 grammes.
	Cartes postales	15 centimes.
	Papiers d'affaires (B) Échantillons (C) Journaux et autres imprimés (B)	5 centimes par 50 grammes.
	Objets recommandés	Droit fixe de 50 c. pour les lettres, et de 25 c. pour les autres objets de correspondance, en sus de la taxe applicable à un objet affranchi de même nature et de même poids.
	Avis de réception des objets .... M.. (D)	Droit fixe de 20 centimes.

États-Unis de l'Amérique du Nord, Colonies et établissements français (sans exception), Colonies ou établissements anglais : de l'Inde britannique (Aden, Hindoustan, Birmanie) ; de Ceylan ; du Détroit (Singapore, Pennang, Wellesley, Malacca); de Labouan ; de Hong-Hong ; de Maurice (y compris les Seychelles et autres dépendances); les îles Bermudes ; de la Guyane anglaise, de la Jamaïque, de la Trinité ; Colonies ou établissements espagnols, autres que ceux de la côte septentrionale d'Afrique (Voir section I); Colonies ou établissements néerlandais, sans exception ; Japon ; Colonies portugaises (Voir pour Madère et les Açores, section I); Brésil.	Lettres ordinaires (affranchies (A)	40 centimes par 15 grammes.
	Cartes postales	20 centimes
	Papiers d'affaires (B) Échantillons (C) Journaux et autres imprimés (B)	8 centimes par 50 grammes.
	Objets recommandés	Droit fixe de 50c. pour les lettres, et de 25 c. pour les autres objets de correspondance, en sus de la taxe applicable à un objet affranchi de même nature et de même poids
	Avis de réception (D)	Droit fixe de 20 centimes.

OBSERVATIONS

(A). Les lettres insuffisamment affranchies au moyen de timbres-poste, sont taxées comme non affranchies, sauf déduction du prix des timbres apposés.

(B). Les paquets de papiers d'affaires ou d'imprimés ne doivent en aucun cas dépasser le poids de 1 kilogr.

(C). Les paquets d'échantillons ne peuvent, en aucun cas, dépasser le poids de 250 gr., et ne doivent avoir sur aucune de leurs faces (longueur, largeur et hauteur), une dimension de plus de 25 centimètres.

(D). Dans les relations avec la Grande-Bretagne, on n'admet pas les avis de réception des objets recommandés.

(E). Les correspondances adressées de France à Bagdad et à Bassorah (Turquie d'Asie) et *vice versa*, par la voie de Bombay, sont soumises aux mêmes taxes que les objets de même nature, à destination de l'Inde britannique.

Il peut être adressé de France — et *vice versa* — des mandats de poste pour l'Italie, la Suisse, la Belgique, le Luxembourg, l'Angleterre, l'Allemagne et les Pays-Bas; ainsi que des lettres chargées contenant des *valeurs déclarées*, pour l'Allemagne, la Belgique, le Luxembourg, les Pays-Bas et la Suisse.

TIMBRES-POSTE

La valeur nominale des 13 sortes de timbres-poste est de :

1 centime	:	encre noire sur teinte bleue.
2 centimes	:	encre brun Van Dyck sur chamois clair.
4	—	encre marron sur teinte gris bleu.
5	—	émeraude sur teinte vert d'eau.
10	—	encre noire sur teinte violette.
15	—	encre jaune sur teinte jonquille.
20	—	encre bleue sur teinte turquoise.
25	—	encre noire sur teinte laque rouge.
30	—	encre bistre sur teinte bistre clair.
35	—	encre violette sur teinte orange.
40	—	encre garance sur teinte paille.
75	—	encre carmin sur teinte rose clair.
1	franc	encre bronze sur teinte paille.
5	—	encre lilas foncé sur teinte lilas clair.

La couleur de ces timbres a été fixée par une décision ministérielle du 30 novembre 1876.

OBSERVATIONS PRATIQUES

1° Les lettres ordinaires doivent être déposées dans les boîtes, et non remises au guichet des bureaux de poste. Il est défendu d'y insérer des billets de banque, bons, chèques, coupons de dividende ou d'intérêts payables au porteur ; des pièces de monnaie, des matières d'or ou d'argent, des bijoux et autres objets précieux. Cette interdiction ne s'applique pas aux titres de rente, aux actions ou obligations au porteur dont on a détaché le coupon échu. (Lois des 4 juin 1859 et et du 25 janvier 1873).

2° Les objets de correspondance, chargés ou recommandés, doivent être déposés au guichet ; il en est donné reçu.

3° Les objets affranchis à taxe réduite doivent également être remis au guichet.

BUREAU DE MANTES
Place du Marché au blé, 18

Dernière levée de la *boîte du bureau*, avant chaque départ.

Paris 1°, Paris au Havre, train 11, Bonnières	(	7 55 matin
Conflans, Meulan, Poissy, La Roche, Septeuil	(	
Paris à Caen, train 15, Bréval, Fontenay, Vétheuil.		9 15 matin
Paris 2°, Épône, Meulan, Poissy, Triel.		11 25 matin
Bonnières, Rosny, Rouen, Vernon		1 10 soir

Caen à Paris, train 22, Le Hâvre à Paris, train 26. 3 35 soir
Magny-en-Vexin . . . . 5 45 soir
Paris à Cherbourg, train 49. . . . . 9 10 soir
Paris au Hâvre, train 51, Le Hâvre à Paris, train 44)
et toutes destinations, moins la ligne de Paris à } 9 45 soir
Cherbourg. . . . .)

N. B. — Cet article détaillé et complet, sur le service des postes, était déjà composé lorsque la Chambre des députés, dans sa séance du 3 avril 1878, a voté la réforme postale. Nous avons retardé de quelques jours l'impression du reste de cet annuaire, afin de pouvoir indiquer les changements apportés aux tarifs ci-dessus.

TARIFS NOUVEAUX

Lettres affranchies : 15 cent. par 15 gr. ou fraction de 15 grammes.

Lettres non affranchies : 30 cent. par 15 gr. ou fraction de 15 grammes.

Cartes postales : 10 centimes.

Journaux, recueils, annales, etc., politiques ou non politiques : 2 cent. par exempl. jusqu'à 25 grammes. — Au dessus de 25 gr., le port est augmenté de 1 cent. par 25 gr. ou fraction de 25 gr. — La taxe de 2 cent. est réduite à 1 cent. pour les journaux, recueils périodiques, etc. (jusqu'à 50 gr., et 1/2 cent. par 25 gr. ou fraction de 25 gr. en sus) circulant dans l'intérieur du département où ils sont publiés, ou dans les départements limitrophes ; mais ceux des départements de la Seine et de Seine-et-Oise ne jouissent de cette réduction que dans l'intérieur du département où ils sont publiés.

Les circulaires, prospectus, prix-courants, livres, lettres de faire-part, estampes, cartes de visite, bulletins de vote, etc., en un mot tous les imprimés expédiés sous bandes (à l'exception des journaux et ouvrages périodiques), paient pour chaque paquet portant une adresse particulière :

1 cent. par 5 gr., jusqu'à 20 grammes.

5 cent. au-dessus de 20 gr., jusqu'à 50 grammes.

Au-dessus de 50 gr., 5 cent. par 50 gr. ou fraction de 50 gr. excédant.

Si lesdits objets sont expédiés sous forme de lettre ou sous enveloppe ouverte, le port de chaque paquet avec adresse particulière est fixé à 5 cent. par 50 gr. ou fraction de 50 grammes. Quant aux bandes, elles doivent être mobiles et ne pas dépasser un tiers de la surface des objets qu'elles recouvrent ; autrement, on leur appliquerait la taxe des imprimés en forme de lettre.

Le droit pour les valeurs envoyées par lettres est abaissé de 20 à 10 cent. par 100 fr. ou fraction de 100 fr. déclarés.

Avis de réception : 10 cent. au lieu de 20.

Ces dispositions ne sont applicables qu'aux lettres et imprimés, confiés à la poste, nés et distribuables en France et en Algérie.

Pour tous les pays de l'Union Postale : 25 centimes.

SERVICE TÉLÉGRAPHIQUE

Inspecteur départemental : M. de Lander, ✱.
Bureaux, rue des Chantiers, 3, à Versailles.

BUREAU DE MANTES, rue de la Sangle, 42

Chef de service : M. Victor Dalleu.
Employés auxiliaires : MM. Émile Boutinier, Lepiez.
Le bureau télégraphique de Mantes est ouvert de 7 h. du matin (en été), et de 8 h. (en hiver), à 9 heures du soir.

BUREAUX MUNICIPAUX

(Ouverts de 9 h. du matin à midi, et de 2 à 7 du soir, pendant la semaine ; de 8 h. à 9 h. du matin et de 1 h. à 2 h. du soir, les jours fériés).

> Bonnières.
> Épône.
> Houdan.
> Magny.
> La Roche-Guyon.
> Rosny.
> Septeuil.

Le bureau de l'écluse de Port-Villez reçoit au départ toutes les dépêches du public, mais ne les admet, à l'arrivée, que bureau restant.

TAXE DES DÉPÊCHES TÉLÉGRAPHIQUES

Dans le département, 20 mots.....................	0 fr. 60
Chaque dizaine en sus.........................	0 30

Entre 2 départements, 20 mots................... 1 40
Chaque dizaine en sus 0 70
Entre la France, l'Algérie et la Tunisie, 20 mots 4 40
Chaque dizaine en sus 2 20

Les mandats délivrés par la poste peuvent être transmis et reçus télégraphiquement au bureau de Mantes. Les dépêches-mandats paient, en outre de la taxe principale, une taxe fixe de 50 centimes.

Une loi, adoptée le 21 mars 1878, modifie ainsi les taxes télégraphiques :

1 centime par mot, avec un minimum de 50 cent. par dépêche.

FORÊTS

Le département de Seine-et-Oise fait partie du 1er arrondissement forestier, et relève de l'inspection de Versailles.
Conservateur : M. Serval, ✳, à Paris, rue Bonaparte, 28.
Inspecteur : M. d'Hausen, à Versailles, rue Hoche, 16.

LOUVETERIE

Lieutenant pour l'arrondissement de Mantes : M. Servant, à Paris, rue de Braque, 6.

ADMINISTRATION MILITAIRE

L'arrondissement de Mantes appartient au 3e corps d'armée, (dont le chef-lieu est à Rouen) et pour l'armée territoriale, et pour la réserve de l'armée active.
Général commandant le département : M. Forgemol, C ✳, général de brigade, à Versailles.
Chef d'état-major : M. Thiroux, ✳, chef d'escadron, à Versailles.
Dépôt de recrutement et réserve : M. Charonnet, ✳, chef de bataillon, à Versailles.
Bureaux de l'Intendance, rue des Réservoirs, 2 bis et 2 ter.
Médecin principal de 1re classe : M. Hémard, rue de la Paroisse, 12.

INSTRUCTION PUBLIQUE

Le département de Seine-et-Oise fait partie de l'Académie de Paris.
Inspecteur (départemental) d'académie : M. Jonette, ✻ à Versailles.
Secrétaire : M. Lenoir, ⚜ A.
Les bureaux, situés à la préfecture, sont ouverts tous les jours non fériés, de 10 h. à 5 h.

INSTRUCTION SECONDAIRE

(Etablissements libres)

Mantes : M. Hamelin, rue de la Sangle, 25.
Mantes : M. Hébert, rue aux Pois, 10.
Magny : M. de la Jonquière, à Magny.

INSTRUCTION PRIMAIRE

Inspecteur : M. Aubert, ⚜ A, à Rosay, par Septeuil.

Délégués cantonaux

du 1er janvier 1878 au 31 décembre 1880

CANTON DE BONNIÈRES
MM.
Ansault, juge de paix, à Bonnières.
Auvray, maire, à Méricourt.
Damesme, maire, à Freneuse.
De Chambry, propriétaire, à Moisson.
De la Gastine, à la Villeneuve-en-Chevrie.
Guenon, curé, à Gommecourt.
Guesnier, notaire, à Bréval.
Halay, maire, à Lommoye.
Hourdou, adjoint, à Bonnières.
L'abbé Poiffait, curé à Bonnières.
Martin, conseiller d'arrondissement, maire de Bréval.
Michaux, ✻, conseiller général, maire de Bonnières.
Questel, conseiller d'arrondissement, à Bennecourt.

CANTON DE HOUDAN
MM.
Boulard, ancien instituteur.
De Gissey, conseiller d'arrondissement, à Septeuil.
De Lacroix, propriétaire à Bazainville.
Delafosse, conseiller général, à Houdan.
Dubourtonné, notaire, à Longnes.
Duval, juge de paix, à Houdan.

Hue, conducteur des Ponts-et-Chaussées, à Houdan.
L'abbé Coste, curé doyen à Houdan.
Le comte de Narcillac, propriétaire à Gambais.
Lafond, propriétaire à Condé-sur-Vègre.
Léjard, notaire honoraire, à Dammartin.
Marquet, ancien maire, à Septeuil.
Poussin, propriétaire, à Montchauvet.

CANTON DE LIMAY

MM.

Bessant, propriétaire, à Juziers.
Coqueret, greffier de paix, à Limay.
Dumas, juge de paix, à Limay.
Hamel, notaire à Gargenville.
L'abbé Giguet, curé de Limay.
L'abbé Thevenot, curé de Juziers.
Leblanc, conseiller d'arrondissement, à Limay.
Lefort, propriétaire, à Limay.
Lemoine, maire, à Porcheville.
Maret, conseiller général, à Brueil.
Marquis de Rosanbo, propriétaire à Fontenay-Saint-Père.
Pilleux, maire, à Drocourt.
Pinard, ancien maire, à Guitrancourt.
Rincheval, ✳, lieutenant-colonel en retraite, à Limay.
Voyer, ancien instituteur, à Issou.

CANTON DE MAGNY

MM.

Basset, maire de Magny.
Cartier (L.), propriétaire, à Chaussy.
Champy, conseiller général, maire, à Bray-Lû.
De la Rochefoucault (P.), propriétaire à la Roche-Guyon.
Dereroze, médecin, à Bray-Lû.
Esnot, curé de Magny.
Feuilloley, ✳, propriétaire, à Magny.
Gauthier, médecin, à Magny.
Gillot, instituteur en retraite, à Omerville.
Guesnier, maire de Blamécourt.
L'abbé Le Manchec, curé de Villers-en-Arthies.
Le comte de Poury, ✳, maire de Montreuil.
Léger, juge de paix, à Magny.
Malice, ✵ A, à Magny.
Quatrelivre, à Saint-Gervais.
Trognon, conseiller d'arrondissement, maire, à Hodent.

CANTON DE MANTES

MM.

Barat, professeur, à Mantes.
Bonnin, ancien instituteur, à Jumeauville.

7

MM.

Cochin, maire, à Rosny.
Delaplace, curé, à Mézières.
Faure, pasteur protestant, à Limay.
Godde, ancien maire, à Mantes.
Hèvre, maire, à Mantes.
Lebaudy, ✳, député, à Rosny.
Le Sieur, juge de paix, à Mantes.
Molard, ✠ A, ancien inspecteur des orphéons, à Mantes.
Pottier, propriétaire, à Mantes-la-Ville.
Régnier, médecin à Mantes.
Salmon, ✳, curé doyen, à Mantes.
Voland, juge suppléant, à Mantes.

DÉLÉGUÉS COMMUNAUX

Houdan : MM. Beaudet ; Deschamps ; Drieux.
Magny : Ossent, Sarazin.
Mantes : Copin ; Dupetitboscq ; Lecureur.

PENSIONNATS ET EXTERNATS LIBRES DE GARÇONS

Gommecourt : M. Fourès.
Senneville : (hameau de Guerville) : M. Fourès fils.
Houdan : M. Chanoine.

PENSIONNATS ET EXTERNATS LIBRES DE DEMOISELLES

Bourdonné : Sœurs de Saint-Vincent de Chartres.
Epône : Sœurs de la Charité de Nevers.
Fontenay-Saint-Père : Melle David.
Gambais : Sœurs de Saint-Paul de Chartres.
Gressey : Filles de la Croix, de Paris.
Houdan : Madame Boulard.
Limay : Sœurs de la Providence d'Alençon.
Magny : Melle Bernard — Pie de Replonge — Puyau.
Mantes : Dames Bénédictines — Herbet — Loddé — Naslin.
Mantes-la-Ville : Sœurs de Saint-André de Lapuye.
Richebourg : Sœurs de la Providence de Portieux.
Rosny : Sœurs de la Sainte-Enfance.
Saint-Clair-sur-Epte : Madame Guillot.
Saint-Cyr-en-Arthies : Melle Jamot.
Saint-Illiers-le-Bois : Sœurs de la Providence d'Alençon.

ASILES

Epône : Sœurs de la Charité de Nevers.
Houdan : Sœurs de Saint-Paul de Chartres.
Limay : Sœurs de la Providence d'Alençon.
Magny : Sœurs de la Charité de Saint-Vincent-de-Paul.
Mantes : Sœurs de Saint-André de Lapuye, rue de la Sangle, 5.
Richebourg : Sœurs de la Providence de Portieux.
Villers-en-Arthies : Sœurs de Saint-Vincent-de-Paul.

Liste des COMMUNES et des INSTITUTEURS et INSTITUTRICES de l'arrondissement de Mantes

NOM des COMMUNES	INSTITUEURS et INSTITUTRICES PUBLICS	INSTITUTEURS et INSTITUTRICES LIBRES
CANTON DE MANTES		
Mantes.	Mesnil.	
—	Frère Girard.	
—		Melle Naslin.
—		Melle Loddé.
—		Sœur Delphine-M.
—		Sœur St-Charles.
—		Mme Herbet.
Andelu.	Bonhomme.	
Arnouville.	Cruchet.	
—	Mme Cruchet.	
Boinville.	Lenoble.	
Boinvilliers.	Parcot.	
Breuil-Bois-Robert.	Fillâtre.	
Buchelay.	Molignié.	
Epône.	Lecomte.	
—	Melle Chéron.	
—		Sœur Arsène.
La Falaise.	Bailly.	
Gassicourt.	Vial.	
Goussonville.	Potié.	
Guerville.	Boudouard.	
— (à la Plagne)	Rabache.	
— (Senneville).	Durand.	Fourés (Protest).
Jumeauville.	Vaquette.	
Magnanville.	Aldin.	
Mantes-la-Ville.	Michaux.	
—		Sœur Marie-Ant.
Mézières.	Normand.	
—	Melle Vincent.	
Rosay.	Camus.	
Rosny.	Ducloy.	
—		Sœur Césarine.
Soindres.	Robert.	

NOM des COMMUNES	INSTITUTEURS et INSTITUTRICES PUBLICS	INSTITUTEURS et INSTITUTRICES LIBRES
Vert.	Chartier.	
Villette.	Dauvergne,	
—		Sœur Elisa.

CANTON DE BONNIÈRES

Bonnières.	Dubois.	
—	Melle Lefèvre.	
Bennecourt.	Menu.	
—	Mme Menu.	
Blaru.	Dupré.	
—	Mme Dupré.	
Boissy-Mauvoisin.	Signol.	
Bréval.	Laurinet.	
—	Sœur Bru-Amélie.	
Chaufour.	Dupré.	
Cravent.	Dubois.	
Fontenay-Mauvoi.	Lebas.	
Freneuse.	Hammelin.	
—	Melle Gougeon.	
Gommecourt.	Béchet.	
(Clachaloze).	Larcher.	
—		Fourés (protest.)
Jeufosse.	Potié, père.	
Limetz.	Finet.	
—	Mme Finet,	
Lommoye.	Clergeon.	
Méricourt.	Pézier.	
Moisson.	Paguenet.	
(Lavacourt).	Guillot.	
—	Melle James.	
Mousseaux.	Delamarelle.	
Neauphlette.	Taté.	
Perdreauville.	Rouget.	
Rolleboise.	Anquetin.	
St-Illiers-le-Bois.	Hauducœur.	
—		Sœur Bernard.
St-Illiers-la-V.	Desbordes.	
Villeneuve-en-Ch.	Noinville.	
—		Mme Renout.

NOM des COMMUNES	INSTITUTEURS et INSTITUTRICES PUBLICS	INSTITUTEURS et INSTITUTRICES LIBRES
CANTON DE HOUDAN		
Houdan.	Parageot.	
—	Mme Giguet.	
—		Chanoine.
—		Mme Boutard.
Adainville.	Boisselier.	
Bazainville.	Mellé.	
Boissets.	Le Gaudu.	
Bourdonné.	Drouard.	
—		Ros-Alexandrine.
Civry-la-Forêt.	Bailly.	
Condé-sur-Vègre.	Roussel.	
Courgent.	Vandergunst.	
Dammartin.	Lecomte.	
—	Melle Lecomte.	
Gambais.	Méder.	
—	Mme Méder.	
—		Sœur Philomène.
Gressey.	Vathonne.	
—		Sœur Marie-Aug.
La Hauteville.	Broquet.	
Longues.	Mantois.	
—	Melle Bié.	
Mondreville.	Piquet.	
Montchauvet.	Watier.	
Orvilliers.	Robert.	
Osmoy.	Vallé.	
Prunay-le-Temple	Breton.	
Richebourg.	Livet.	
—		Sœur Marcelle.
St-Mart.-d.-Cham.	Lecomte.	
Septeuil.	Adam.	
—	Melle Follain.	
Tilly.	Defresne.	
CANTON DE LIMAY		
Limay.	Boudouard.	
—	Mme Schent.	
—		Sœur Alexandrine

NOM des COMMUNES	INSTITUTEURS et INSTITUTRICES PUBLICS	INSTITUTEURS et INSTITUTRICES LIBRES
Brueil.	Fontaine.	
Drocourt.	Nagel.	
Follainville.	Dubois.	
(Dennemont).	Vinot.	
Fontenay-St-Père.	Michaux.	
		Melle David.
Gargenville.	Dubuy.	
—	Melle Dodèle.	
Guernes.	Tolu.	
Guitrancourt.	Berthaux.	
Issou.	Pelletier.	
Jambville.	Roger	
Juziers.	Hubert.	
—	Melle Langumier.	
Lainville.	Potié.	
Montalet-le-Bois.	Hébrard.	
Oinville.	Delamarelle.	
Porcheville.	Prévost.	
Sailly.	Perrier.	
St-Martin-la-G.	Dufour.	
(h. Sandrancourt)	Courtellemont.	

CANTON DE MAGNY

NOM des COMMUNES	INSTITUTEURS et INSTITUTRICES PUBLICS	INSTITUTEURS et INSTITUTRICES LIBRES
Magny.	Bouthors.	
—	Sœur Lallier.	
—		Melle Bernard.
—		Melles Pic.
—		Mme Puyau.
Aincourt.	Leclerc.	
Ambleville.	Michon.	
Amenucourt.	Séheut.	
Arthies.	Hébert.	
Banthelu.	Dubois.	
Bray-et-Lû.	Bacouel.	
Buhy.	Richard.	
La Chapelle.	Branchu.	
Chaussy.	Boulongne.	
Chérence.	Mme Ve. Poissonneau.	
	Rouget.	
Genainville.	Robert.	
Haute-Isle.	André.	
Maudétour.	Bocquet.	
Montreuil.	Poiret.	

NOM des COMMUNES	INSTITUTEURS et INSTITUTRICES PUBLICS	INSTITUTEURS et INSTITUTRICES LIBRES
Omerville.	Bringer.	
La Roche-Guyon.	Châtelet.	
—	Melle Crescy.	
St-Clair-s.-Epte.	Legrand.	
St-Cyr-en-Arthies.	Boutillier.	
—		Sœur Joséphine.
St-Gervais.	Briant.	
Vétheuil.	Cauchois.	
—	Melle Corneille.	
Vienne-en-Arthies	Saintôt	
Villers-en-Arthies	Godet.	
		Sœur Thérèse.
Wy d. Joli-Village	Roussin.	

On compte dans l'arrondissement de Mantes 168 établissements d'instruction primaire, savoir : 135 publics et 33 libres.

Quelques communes restent encore sans écoles, mais sont réunies à d'autres communes pour l'instruction. Ce sont Flacourt, Auffreville, Ménerville, Port-Villez, Maulette, Hargeville, Thionville-sur-Opton, Dannemarie, Grand-Champ, le Tartre-Gaudran, Flins-Neuve-Eglise, Arthieul, Blamécourt, Charmont, Hodent. Le peu d'importance de la population de quelques-unes de ces communes, ne permet pas, il est vrai, de les doter d'écoles spéciales ; mais Auffreville, Maulette, Arthieul, Blamécourt, Hodent sont appelés à créer des écoles et déjà des projets sont étudiés ou en instance à Auffreville, Hargeville et Maulette.

Farrieux, Jouy-Mauvoisin, le Tertre-Saint-Denis, Mulcent, ne satisfont à la loi d'aucune manière.

La population scolaire s'est élevée en 1876 à 7,756 élèves des deux sexes dans les écoles ; c'est, pour une population de 56,000 habitants, presque 14 élèves par 100 habitants.

La gymnastique n'est encore enseignée que dans 19 écoles qui ont des portiques. Nous sommes à cet égard bien loin de l'Allemagne, de la Suisse et d'autres nations. Ce ne sont ni les élèves ni les familles qui répugnent à cet enseignement, mais bien les communes qui reculent devant la dépense. Et cependant partout où un portique est élevé, l'Etat donne gratuitement les agrès.

Les bibliothèques scolaires laissent également à désirer pour le nombre et l'importance des collections. L'arrondissement en compte 56 seulement : donc 69 communes en sont encore privées. Le nombre des volumes à prêter aux familles est de 5,870, soit 105 en moyenne par bibliothèque, ou un peu plus d'un livre par habitant.

Le 12 octobre 1871, il y a eu fusion entre la société de Secours Mutuels des instituteurs et des institutrices de l'arrondissement de Mantes, fondée par M. Ernest Baroche, et celle de Seine-et-Oise.

MÉTÉOROLOGIE

Président de la commission départementale : M. le Dr Bérigny, ✻, à Versailles, rue des Réservoirs, 17.

STATION CANTONALE DE L'ARRONDISSEMENT

MM. Dubois, à Bonnières.
Parageot, à Houdan.
Adam, à Septeuil.

MM. Fontaine, à Breuil
Mesnil, à Mantes.
Boulongne, à Chaussy.

AGRICULTURE

COMICE AGRICOLE

Le comice agricole de Seine-et-Oise, fondé en 1831 et autorisé le 25 octobre de la même année, a pour but d'établir des rapports entre les agriculteurs du département, de faire connaître et de récompenser les meilleures méthodes de culture, de stimuler le zèle de tous ceux qui exploitent le sol.

A cet effet, il organise tous les ans un concours départemental : en mai ou en juin, suivant les circonstances. Ce concours a lieu à tour de rôle dans chacun des six arrondissements ; voici la marche fixée pour la période actuelle :

Mantes, le 30 juin 1878, à Epône, sur les terres de Mad. veuve Didier, et dans le parc de Mad. veuve Bivet.

Rambouillet, en 1879.

Etampes, en 1880.

Corbeil, en 1881.

Versailles, en 1882.

Le concours de 1877, a eu lieu le dimanche 17 juin, à Ws, canton de Marines, arrondissement de Pontoise, sur les terres de M. le comte de Kersaint, cultivées par M. Adolphe Chéron. Le précédent avait eu lieu à Grignon.

A ce concours annuel il est décerné des médailles, des primes en argent ou en instruments aratoires, aux éleveurs et aux cultivateurs désignés par le jury. Des récompenses sont aussi distribuées à ceux qui se sont fait remarquer par des cultures nouvelles ou améliorées, par des travaux d'irrigation, de drainage ou de bonne appropriation de bâtiments agricoles, ou qui ont présenté des instruments nouveaux ou perfectionnés, etc.

Des courses de chevaux, au trot, ont lieu tous les ans sur le champ même du concours; elles sont l'objet de récompenses spéciales.

.•.

Les propriétaires, les cultivateurs, et toutes les personnes qui s'intéressent au développement de l'agriculture, peuvent faire partie de l'association moyennant une cotisation annuelle de 15 francs, payable à domicile sur la présentation d'un mandat de ladite somme. Le paiement de cette cotisation donne droit à toutes les publications faites par le comice, et à une place gratuite au banquet annuel.

Les demandes d'inscription ou de renseignements doivent être adressées *franco* à M. Richard de Jouvance, ✳, secrétaire du comice, à Versailles, boulevard de la Reine, 31. — La carte de membre et celle qui donne place au banquet sont délivrées, sur le champ du concours, par M. Arthur Mallet, trésorier, aux sociétaires qui les réclament en personne.

BUREAU DE COMICE

Le bureau du comice est composé de représentants des six arrondissements. Il se réunit à Paris tous les deux mois pour délibérer sur des points d'administration générale et sur les questions d'actualité.

Les membres représentant l'arrondissement de Mantes sont :
MM. Boulland-Breton, à Saint-Blaise, par Bréval, *titulaire*
Halay, à Lommoye, par Bonnières, *titulaire*.
Ledru, à Soindres, *suppléant*.
Bachelier, à Banthelu, par Magny, *suppléant*.

DÉLÉGUÉS POUR 1878, 1879, 1880

MM. Boulland-Breton, à Longees, par Septeuil.
Guesnier, A., à Blaincourt, par Magny.
Halay, à Lommoye, par Bonnières.
Ledru, E., à Soindres, par Mantes.
Lefort, au château des Célestins, par Limay.
Pilleux, H., à Drocourt, par Fontenay-Saint-Père.
Pottier E., à Mantes-la-Ville.
Riffard L., sous-préfet, à Mantes.

SOCIÉTÉ D'AGRICULTURE DU CANTON DE MANTES

Autorisée le 24 septembre 1877

Séances et conférences, le mercredi, de 2 h. à 4 h., à l'Hôtel du Grand-Cerf, à Mantes

Président honoraire : M. Lebaudy, ✳, député.
Président titulaire : M. Gibbert,
Vice-présidents : MM. Cochin, à Rosny ; Caffin, à Épône ; Cuqu, à Boinville, Ledru, à Soindres.

Secrétaires : MM. Cacheux et Lorée.
Membres du conseil : MM. Verrier, Egasse, Royer, Thérenon, Barbier, Royer, Bellan, Legendre, Placet, Verrier aîné.

PRIX OBTENUS EN 1877, *au concours de W's*

par des cultivateurs, éleveurs, etc., de l'arrondissement

Un 1er prix (médaille d'or) à M. Voitellier, à Mantes, pour son hydro-incubateur et ses lots de poules de Houdan.

Un 2e prix (médaille d'argent et 75 francs) à M. Vivier, à Boinville, pour sa pouliche baie de 2 ans, par *Interprète*.

PRIX OBTENUS EN 1877

au concours horticole de Vernon

Médaille de vermeil : M. Mention, jardinier chez M. Pottier, à Mantes-la-Ville. — Un lot de fruits.

Médaille d'argent : M. Prestreau, horticulteur à Bonnières — un lot de roses et de glaïeuls.

Médaille d'argent : M. Masson fils, jardinier-dessinateur à Mantes — Plans en relief.

CONCOURS AGRICOLE DU 25 FÉVRIER 1878

au Palais de l'Industrie, à Paris

M. Leblond, de Bonnières, a obtenu le prix d'honneur pour la race porcine, plus 4 autres prix, une médaille d'or et une mention honorable. Le porc qui a remporté le grand prix était un *Yorkshire normand*, du poids de 200 kilogrammes.

M. Gilleron, d'Épône, a remporté 4 premiers prix et un 2e, pour ses volailles mortes et vivantes.

M. Voitellier, de Mantes et Limay, a obtenu un 1er prix et 4 mentions honorables pour des coqs et des poules ; son incubateur artificiel a été très-remarqué.

M. Anceaume, de Gambais : un 2e prix pour des volailles (mortes) de Houdan.

M. L. Chéron, de Magny : une médaille d'or pour des cires, et une médaille d'argent pour des miels.

CHAMBRE CONSULTATIVE D'AGRICULTURE DE MANTES

En vertu d'un décret du 25 mars 1852, une chambre consultative d'agriculture a été établie au chef-lieu de chaque arrondissement. Ces chambres comptent autant de membres que l'arrondissement a de cantons, sans que le nombre de ces membres puisse être inférieur à six. Ils sont nommés pour trois ans et renouvelables par tiers.

Les chambres consultatives, présidées par le sous-préfet de l'arrondissement, adressent des rapports sur la situation de l'agriculture et sur les améliorations à y apporter.

Président : M. Léon Riffard, sous-préfet.
Vice-président : M. Cu,n, propriétaire.

Secrétaire : M. Émile Ledru, cultivateur à Soindres.
Membres : MM. Baroche, cultivateur et propriétaire à Tilly.
Guesnier, maire, à Blamécourt.
Halay, maire à Lommoye.
Pilleux, maire, à Drocourt.

SOCIÉTÉ D'AGRICULTURE ET D'HORTICULTURE
du canton de Magny
(autorisée le 18 février 1871)

Président : M. Louis Cartier, propriétaire à Chaussy.
Vice-présidents : MM. Bachelier ; Cochin ; de Magnitôt ; Rémy.
Secrétaire : M. Bourgeois, à Magny.
Trésorier : M. Devesly, à Magny.

ÉCOLE D'AGRICULTURE DE VERSAILLES

Malgré son titre, cette école admet des élèves de tous les départements. Les candidats doivent avoir 17 ans au moins et 27 au plus ; ceux qui sont du département de Seine-et-Oise passent leur examen d'admission à l'école, mais on dispense de cet examen ceux qui produisent un certificat d'études primaires ou d'apprentissage dans une ferme-école. Les élèves pourvoient eux-mêmes à leur entretien. L'école n'a point d'internat.

La durée des études est de trois années, et la rentrée a lieu le 1er octobre. L'enseignement est à la fois théorique et pratique.

Les demandes d'admission doivent être adressées, sur papier timbré, au préfet.
Directeur : M. Hardy, ✶.

L'école, établie au Potager du château de Versailles, est sous l'autorité du ministre de l'agriculture et du commerce.

ÉCOLE DE BERGERS, A RAMBOUILLET

Tous les départements peuvent y présenter des candidats, mais on n'y reçoit point d'élèves étrangers.

Pour être admis, il faut remettre avant le 10 octobre, au ministère de l'agriculture et du commerce : son acte de naissance, un certificat de vaccine et de bonne constitution ; un certificat de bonnes mœurs délivré par le maire de sa commune ; le procès-verbal de l'examen passé devant l'instituteur sur la lecture, l'écriture et les quatre règles de l'arithmétique. A ce procès verbal l'instituteur joint une page d'écriture faite sous ses yeux par le candidat. Ces pièces doivent être visées par le maire.

L'école ouvre le 1er novembre et ne reçoit pas de jeunes gens au-dessous de 15 ans accomplis. L'apprentissage dure 2 ans ; il est pratique et *gratuit*, mais l'élève est tenu d'apporter un trousseau qu'il renouvelle à ses frais. L'école fournit une blouse et un chapeau d'uniforme ; elle prend aussi à sa charge l'entretien et le blanchissage.
Directeur : M. Bernardin, à la ferme de Rambouillet.

ÉCOLE DE GRIGNON

L'école de Grignon compte 75 élèves internes dont les études durent trois ans. Le programme d'admission exige la connaissance de l'arithmétique, des quatre premiers livres de géographie, de la grammaire et de l'orthographe, et certaines notions de physique. Le prix de la pension est de 750 francs par an ; les cours commencent le 1er octobre de chaque année.

Directeur : M. Dutertre, ✳ (ancien élève de l'école), inspecteur-général de l'agriculture.

HARAS

Le département de Seine-et-Oise est compris dans la circonscription du Dépôt d'étalons du Pin, 2e arrondissement des haras.

Inspecteur général : M. de Laire, à la Clavière, par Eguzon (Indre).

RÉCOLTE DE 1877

Le quatrième rapport annuel ne donne pas de renseignements favorables sur la récolte en grains et autres farineux dans l'arrondissement de Mantes. Il constate les mauvais effets d'une végétation trop forte pendant la saison d'hiver et de la verse des blés pendant l'été. Cependant il a été produit, en plus des besoins de l'arrondissement, 120,000 hectol. de froment, 32,000 de méteil et 15,000 de seigle. La récolte totale est de 360,000 hectol. de froment, 97,000 de méteil et 55,000 de seigle ; ce qui indiquerait une consommation, sur place, de 240,000 hectol. froment, 65,000 hectol. méteil et 40,000 hectol. seigle.

Les blés et les méteils ne sont pas de bonne qualité ; il en est de même des orges et des avoines. Les seigles sont plus riches en paille qu'en grains ; les fourrages sont abondants, mais de qualité inférieure. La maladie et les pluies ont nui aux pommes de terre, les betteraves ont souffert au moment des binages ; quant aux pommes à cidre, il y en a peu, et les poires n'ont donné qu'un quart de récolte.

En revanche, l'année a été excellente pour les légumes, et le rendement de la vigne est de 20 o/o supérieur à celui d'une année ordinaire.

COMMERCE ET INDUSTRIE

TRAVAIL DES ENFANTS DANS LES ATELIERS

La loi du 19 mai 1874 ne permet pas d'employer les enfants dans l'industrie avant l'âge de 12 ans révolus, et fixe la durée du travail à un maximum de 12 h. par jour. Avant l'âge de 16 ans on ne peut les faire travailler la nuit ; ils ne doivent le travail ni les dimanches ni les fêtes reconnues par la loi.

Si l'enfant n'a pas acquis l'instruction primaire élémentaire, on ne peut, jusqu'à 15 ans accomplis, lui imposer plus de 6 heures de travail.

COMMISSION DE L'ARRONDISSEMENT

Président : M. Basset, maire de Magny.
Secrétaire : M. Aubert, ✪ A, inspecteur primaire, à Rosay.
Membres : MM. Blot, O ✱, à Ambleville ; — Cartier, à Villarceaux ; — Chabert, ingénieur, à Mantes ; — Maret, ✱, conseiller général ; — Michaux, ✱, conseiller général.

POIDS ET MESURES

VÉRIFICATEUR POUR L'ARRONDISSEMENT

M. Duchez, à Mantes, rue aux Bœufs.
La vérification a lieu dans toutes les communes, du 1er janvier au 31 juillet.
La marque du poinçonnage change tous les ans.

POLICE SANITAIRE ET INDUSTRIELLE

SERVICE VÉTÉRINAIRE PERMANENT

Par arrêté préfectoral en date du 11 août 1877, il a été institué un service vétérinaire permanent, par cantons.
Vétérinaire de l'arrondissement de Mantes : M. Simonnet, rue Faubourg-Saint-Lazare, 3.
Vétérinaires cantonaux : M. Cusson, à Bréval, pour le canton de Bonnières.

M. Marcille, à Houdan, pour le canton de Houdan.

M. Simonnet, à Mantes, pour le canton de Limay et celui de Mantes.

M. Dardel fils, à Magny, pour le canton de Magny.

Inspecteur des foires et marchés de Mantes : M. Cusson.

Inspecteur du service des épizooties : M. Waruesson, vétérinaire à Versailles.

Article 9 de l'arrêté. — Une indemnité de 6 fr. par vacation de 3 heures, avec un maximum de 2 vacations par jour, et, de plus, 0 fr. 25 cent. par kilomètre parcouru, seront alloués aux vétérinaires du service des épizooties.

CONSEIL D'HYGIÈNE ET DE SALUBRITÉ

MM. Bonneau, vice-président.
Croutelle, secrétaire.
Bihorel.
Chabert.
Simonnet.

MM. Godde.
Grave.
Lecureur.
Régnier.

DOCTEURS EN MÉDECINE

	MM	
Mantes.		Bihorel J, B. A.
—		Bonneau A. St.
—		Drouet A. E.
—		Regnier R.
Arthies.		Caron J. P. A.
Bray-l.û.		Derevoges L. Ph. E. L. M.
Bréval.		Bihorel E. A.
Limay.		Rabec J. B.
Freneuse.		Savalle B. M.
Houdan.		Genret J. Fr. A.
—		Piat L. G.
Magny.		Gauthier L. B.
—		Molinié E. A.
La Roche-Guyon.		Tichy.
Septeuil.		Chambard.

OFFICIERS DE SANTÉ

	MM	
Bonnières.		Guérin A. L.
—		Lefèvre L. L.
Épône.		Brossard F. A.
Rosny.		Gorlier, J.
Saint-Clair-sur-Epte.		Perrier C.
Septeuil.		Gaullier, C. A.
Vétheuil,		Clarot J. D.

PHARMACIENS

	MM.	
Mantes.		Beaucher J. (2e classe).
—		Croutelle A. J. A. (1re cl.).
—		Grave V. E. (2e cl.)
—		Lecureur A. Ch. (1re cl.)
Bonnières.		Plumet F. Th. (2e cl.)
Houdan.		Baudet F. J. S. (2e cl.)
—		Pétiau V. A. P. (2e cl.)

Magny.	Langlois G., H. C. (2e cl.)
—	Noreau, (4e cl.).
La Roche-Guyon.	Vanneau L. J. P. (2e cl.).
Septeuil.	Chapelle A. J. , (3e cl.).

SAGES-FEMMES

Mantes.	MMmes Bosselet M. J., 1re classe.
—	Coquart L. Z., 1re classe.
—	Hottot M. R. (veuve Nicolle) 2e classe.
—	Lavigne Z. (veuve Coquart) 2e classe.
—	Vannier J. C. (femme Paris) 1re classe.
Bonnières.	St Ludivine (femme Palmentier) 1re cl.
Bréval.	Lot J. J. (femme Renoult) 1re classe).
Chaussy.	Tarry M. A. B. (femme Thubœuf) 2e cl.
Epône.	Chevalier A. (veuve Goupy) 1re classe.
Guerville.	Lecomte N. B. E. A., 1re classe.
Houdan.	Gardembas L. V. (fem. Bourry) 1re cl.
Juziers.	Lainé V. M., 2e classe.
Limay.	Lemoine B. L., (f. Laroche) 1re classe.
Limetz.	Ranesme M. A. (femme Morsent) 1re cl.
Magny.	Josienne C. E. (femme Saintard) 1re cl.
—	Raffy L. O., 1re classe.
Montalet-le-Bois.	Gilles L. C. A. (femme Duruel) 1re cl.
Porcheville.	Normand (f. Lesieur) M. A. E., 1re classe.
St-Clair-sur-Epte.	Languedoc A. (femme Fontaine) 2e cl.
—	Peslin M. L. M. (femme Berry) 1re cl.
Septeuil.	Colson E. (femme Honsgen) 1re classe
—	Maréchal A. (veuve Perrier) 1re classe.
Vétheuil.	Fournier M. E. (veuve Lemoine) 1re cl.

HERBORISTES

Houdan	MMmes Ambroise J. M. (femme Cléray).
Saint-Clair-sur-Epte.	Mallein M. (femme Duvalet).

CAISSES D'ÉPARGNE
DE PRÉVOYANCE ET D'ASSURANCES

I

CAISSE D'ÉPARGNE DE L'ARRONDISSEMENT DE MANTES

La caisse d'épargne de l'arrondissement, autorisée par ordonnance royale du 5 septembre 1838, a commencé ses opérations le 21 avril 1839.

Un premier fonds de réserve avait été constitué au moyen de souscriptions volontaires recueillies dans tout l'arrondissement; mais les débuts furent difficiles; et si — à l'heure actuelle — ce fonds de réserve et de dotation s'élève à près de deux cent mille francs, il ne faut pas oublier que ce succès est dû en partie à la ville de Mantes qui, pendant bien des années, et sur délibération de son conseil municipal, a pris à sa charge le déficit du budget de la caisse d'épargne.

Au 1er juillet 1877, le nombre des livrets circulant dans l'arrondissement était de 8,691, et le solde dû aux déposants montait à 2,878,398 fr. 98 centimes.

Les bureaux de la caisse centrale qui étaient installés dans l'Hôtel-de-Ville, ont été transférés le 10 février 1878 dans une maison sise Grande rue (rue Thiers), n° 6, achetée et reconstruite aux frais de l'établissement. — Les séances ont lieu tous les dimanches, de 10 heures à 2 heures.

Sont de droit administrateurs les membres du conseil municipal, auxquels il est adjoint un certain nombre de notables de la ville.

Le comité de direction, présidé par le maire, est composé de 18 membres :

MM. Le Dr Bonneau.
Chennevières.
Delafosse.
Drouet (Adolphe)
Dupré.
Héricourt

MM. Leblanc.
Lecœur.
Osseat.
Pigis.
Saunier.
Tison.

Caissier central : M. Bauce.
Contrôleur : M. Langlois.

II

SUCCURSALES

Bonnières : *caissier*, M. Hourdou, adjoint au maire.
Bréval : *caissier*, M. Breton, secrétaire de la mairie.
Houdan : *caissier*, M. Boulard, secrétaire de la mairie.
Magny : *caissier*, M. Garnot, principal clerc de Me Chastelais, notaire.
Septeuil : *caissier*, Adam, secrétaire de la mairie.
Vétheuil : *caissier*, Leclerc, ancien instituteur.

III

CAISSES SCOLAIRES

L'institution des caisses scolaires est de date récente ; et cependant la France en compte déjà plus de 4,000, qui viennent apporter un appoint assez considérable au stock de l'épargne dans notre pays ; mais l'avenir leur garde de bien autres résultats : ces enfants, que l'on forme de bonne heure à des habitudes d'économie, seront un jour des hommes, et continueront pour eux ou pour leur famille le système de petits placements qu'ils auront pratiqué à l'école. D'un autre côté, l'écolier en possession d'un livret exercera une influence d'ordre sur ses parents, qui voudront grossir les épargnes de l'enfant, ou, par imitation, placer pour leur propre compte leurs petites économies.

L'arrondissement de Mantes a, des premiers, suivi cet admirable mouvement; au 31 décembre 1877, il existait dans notre arrondissement 99 écoles pourvues d'une caisse scolaire, et le montant des dépôts faits par les enfants — à cette date — s'élevait à 13,724 fr. 51 centimes.

Ce résultat a été obtenu en deux ans, car l'installation des premières caisses scolaires date du mois de juin 1875; mais il est juste de rappeler que le conseil de direction de la caisse d'épargne, pour encourager une institution si féconde en utiles résultats, mit à la charge de la caisse les frais de livrets scolaires, de registres, de bordereaux, et vota un crédit spécial à cet effet.

Le mode de comptabilité adopté pour les caisses scolaires de l'arrondissement, peut se résumer ainsi : chaque caisse scolaire forme une succursale dont les opérations ne peuvent franchir l'enceinte de l'école; l'instituteur reçoit toutes les semaines, à jour fixe, les économies des élèves, et verse chaque mois — à la caisse centrale — les sommes rondes (de 1 franc et au-dessus) données par l'addition, sur le livret scolaire, des fractions versées dans le courant du mois.

Donc, un livret par élève, plus un livret pour l'école. Il en résulte un contrôle permanent qui assure la parfaite régularité des écritures et la concordance absolue des opérations.

IV

CAISSES D'ASSURANCES EN CAS D'ACCIDENTS OU DE DÉCÈS

Ces caisses sont placées sous la garantie de l'État et gérées par la caisse des consignations. — Un comité, institué au chef-lieu de chaque arrondissement et présidé par le préfet ou le sous-préfet, donne son avis sur les demandes de pensions viagères ou de secours, présentées par les assurés ou leurs ayants-droit.

COMITÉ DE L'ARRONDISSEMENT

MM. Chabert, ingénieur, à Mantes.
Bonneau, docteur-médecin, à Mantes.
Cartier, propriétaire à Chaussy.

FOIRES ET MARCHÉS

Brueilcourt : Marché aux fruits, tous les jours, au hameau de Gloton, pendant la saison des fruits.

Dammartin : Le 1er jour de la Fête-Dieu, 1 jour — le 4 juillet, 1 jour (bestiaux et marchandises) — le 11 novembre, 1 jour (mercerie, friperie et denrées).

Houdan : Le mercredi des Cendres, 2 jours (bestiaux et marchandises diverses) — le 26 juillet, 1 jour (marchandises de toutes sortes) — le 21 septembre, 3 jours (bestiaux et marchandises diverses).

Magny : Le 2 février, 1 jour — le 1er mai, 1 jour — le 29 septembre, 1 jour (chevaux, bestiaux, etc)

Mantes : Le mercredi après le 22 juillet, 3 jours (foire de la Madeleine) — le mercredi après le 14 septembre, 1 jour — le 9 octobre, 1 jour — le 1er mercredi de décembre (foire aux oignons, 3 jours.

La Roche-Guyon : Le mardi après la Saint-Barnabé, 1 jour — le mardi après la Sainte-Catherine, 1 jour (chevaux, vaches, fourrage, mercerie).

Septeuil : Le 1er mai, 1 jour — le 2e mardi de septembre, 2 jour (bestiaux, quincaillerie, friperie).

MARCHÉS AUTORISÉS

Bennecourt : Tous les jours en été, au hameau de Gloton (fruits).

Bréval : Le vendredi (denrées alimentaires).

Dammartin : Le jeudi (grains et denrées).

Houdan : Le mercredi (denrées alimentaires) ; le dimanche (légumes).

Magny : Le mercredi (veaux) ; le samedi (grains et denrées).

Mantes : Le mercredi (grains, denrées, bestiaux et rouennerie) ; le vendredi (grains, foin, denrées et poissons) ; le dimanche (légumes et comestibles.

Roche-Guyon (la) : le mardi (grains, denrées, mercerie et rouennerie).

Saint-Clair-sur-Epte : le jeudi (denrées alimentaires).

Septeuil : Le mardi (denrées, volaille et bétail ; le dimanche (légumes.

Vétheuil : le vendredi (denrées alimentaires).

Villers-en-Arthies : Tous les jours en été (fruits).

PONTS ET CHAUSSÉES

Pour le service des ponts et chaussées, l'arrondissement appartient au service de l'arrondissement du Nord-Ouest.

Ingénieur en chef de 1re classe : M. Grille, ✳, à Versailles. — Bureaux : rue de Mademoiselle, 2, à Versailles.

Ingénieur ordinaire de 2e classe : M. Chabert, à Mantes, rue de la Pêcherie, 10. Bureaux : rue Gâtevigne, 1, à Mantes.

Conducteur principal : M. Vazou aîné, à Mantes, place Saint-Maclou, 16.

Conducteur de 1re classe : M. Hue, à Houdan.

Conducteurs de 2e classe : MM. Dupuis, à Mantes, rue de la Pêcherie, 11 ; — Jourdain aîné, à Maule ; — Martin, à Meulan.

Conducteur de 3e classe : M. Duclos, à Mantes-la-Ville.

Conducteur de 4e classe : M. Choquet, à Mantes, rue Porte-aux-Saints, 65.

Employés secondaires : MM. Denis, rue Porte aux Saints, 58 ; — Jannot, à Mantes-la-Ville.

Les voies de communication sont divisées en

Routes nationales — construites et entretenues par le service
Routes départementales — des ponts et chaussées.

Chemins vicinaux de grande communication (1) — construits et entretenus sous la direction des agents-voyers.
Chemins vicinaux d'intérêt commun
Chemins vicinaux ordinaires
Chemins ruraux

1° — ROUTES NATIONALES

Les routes nationales sont construites et entretenues aux frais de l'Etat : on les désigne par un numéro d'ordre. Celles qui intéressent notre arrondissement administratif sont :

La route n° 12, qui va de Paris à Brest, en passant par Maulette et Houdan.

La route n° 13, de Paris à Cherbourg, qui passe par Juziers, Limay, Mantes, Rosny, Rolleboise et Bonnières.

La route n° 14, qui va de Paris au Hâvre, en passant par Magny et Saint-Clair-sur-Epte.

La route n° 182, de Mantes à Rouen, qui passe par Jeufosse et Port-Villez.

La route n° 183, qui va de Magny à Chartres (Eure-et-Loir) en passant par Charmont, Arthies, Limay, Mantes, Mantes-la-Ville, Auffreville, Vert, Septeuil, Orvilliers, Richebourg, Maulette, Gambais, Bourdonné et Condé-sur-Vesgre.

La route n° 190, de Paris à Mantes, qui passe par Epône et Mézières.

La route n° 191, qui part de Corbeil pour aboutir à Mantes, en empruntant la route n° 5 à Mareil et la route n° 190 à Epône.

2° — ROUTES DÉPARTEMENTALES

Les routes départementales portent également un numéro d'ordre ; c'est au budget départemental qu'incombe leur entretien. — Voici la liste de celles qui intéressent l'arrondissement de Mantes :

La route n° 5, qui va de Saint-Cloud à Mantes.

La route n° 13, qui va de Gambais à Galluis-la-Queue.

La route n° 22, de Chaumont à Vernon, qui passe par Blamécourt, Magny, Hodent, Omerville et Amenucourt.

La route n° 24, qui va de Neauphle-le-Château à Septeuil.

La route n° 26, qui va de Magny à Flins, en empruntant à Avernes la route nationale n° 14.

(1) Voir pages 36-40.

La route nᵒ 44, de Meulan à Vernon, qui passe par Oinville, Brueil, Sailly, Vétheuil, Haute-Isle et La Roche-Guyon.

La route nᵒ 56, qui va de Rambouillet à Houdan, en passant par Condé-sur-Vesgre.

La route nᵒ 57, de Mantes à Dreux, qui passe par Magnanville, Soindres, Favrieux, Longnes et Mondreville.

La route nᵒ 58, qui va de Rosny à Villiers (Eure), en passant par le hameau de la Belle-Côte (commune de Boissy-Mauvoisin) et Saint-Illiers-le-Bois.

L'arrondissement du Nord-Ouest est chargé en outre : du *service hydraulique* des cours d'eau de l'arrondissement de Mantes, la Seine exceptée ; — de la surveillance des *ponts à péage* : (nous n'en avons qu'un, le pont suspendu sur la Seine, à La Roche-Guyon) ; — de l'entretien des autres ponts ; — du service hydraulique appliqué à l'agriculture ; — de la surveillance de la pêche dans les cours d'eau non navigables et non flottables ; — du règlement des usines et des cours d'eau non navigables ; de la police de la grande voirie, de celle du roulage, etc.

COURS D'EAU

L'arrondissement compte 28 cours d'eau : 1 fleuve, la Seine ; 8 rivières, l'Aubette de Magny, l'Aubette de Meulan, l'Epte, la Maudre ou Mauldre, la Vègre ou Vesgre, l'Opton, le Saulx-Richebourg et la Vaucouleurs ; 2 ruisseaux, ceux d'Arthieul et de Montreuil ; 17 rus, ceux de la Bernon, de Blaru, de Bléry, de Chaussy, de la Chesnaie, de Cudron, d'Etrez, de la Flexanville, de Fontenay, de Gargenville, de Genainville, de Montcient, de Montreuil, de Radon, de Senneville, de Vaumion et de Vienne.

SEINE ET SES AFFLUENTS

La *Seine*, qui prend sa source près de Saint-Seine dans les hauteurs de la Côte-d'Or pour aller se jeter dans la Manche, entre le Hâvre et Honfleur, traverse notre arrondissement de l'est à l'ouest ; elle y entre un peu au-dessus de Juziers, et arrose le territoire d'Epône, de Porcheville, de Mantes, de Limay, de Gassicourt, de Follainville, de Rosny, de Guernes, de Rolleboise, de Méricourt, de Mousseaux, de Vétheuil, de Moisson, de Haute-Isle, de La Roche-Guyon, de Freneuse, de Bonnières, de Bennecourt, de Jeufosse et de Port-Villez. — Parcours : 48 kilomètres.

La Seine a de nombreux affluents : 3 rivières, l'Epte, la Maudre et la Vaucouleurs ; plus 3 rus sur sa rive gauche, ceux de Blaru, de Bléry et de Senneville ; et 3 sur sa rive droite, les rus de Chaudry, de Fontenay et de Vienne. (Le ru de Senneville se perd dans les terres à mi-chemin).

L'*Epte*, qui prend sa source dans la Seine-Inférieure, entre dans l'arrondissement à Saint-Clair, traverse le territoire de Montreuil, Bray-Lû, Amenucourt, Gommecourt, Limetz, et là se divise en 2 bras qui, tous les deux, se jettent dans la Seine, l'un au dessus et l'autre au-dessous de Port-Villez. — Parcours : 30 kilomètres. — L'Epte reçoit sur sa rive gauche le ru de Cudron, le ruisseau de Montreuil, l'Aubette de Magny, et le ru de Chaussy dans lequel tombe, rive gauche, le ru de la Chesnaie.

La **Mandre** qui entre dans notre arrondissement à la Falaise, en sortant de celui de Versailles, va se jeter dans la Seine en face de Rangiport, après avoir traversé le territoire d'Epône. — Parcours : 2 kilomètres.

La **Vaucouleurs** prend sa source à Boissets, passe à Civry, Montchauvet, Courgent, Septeuil, Rosay, Villette, Vert, et se divise en 2 bras au hameau de Brasseuil : l'un de ces bras, dit *Bras-Forcé*, après avoir traversé le territoire d'Auffreville et celui de Mantes-la-Ville, se jette dans la Seine, à Mantes, au *Pont aux Prêtres*; l'autre, qui coule dans la même direction — mais au fond de la vallée — tombe dans la Seine au *Pont-Bouffard*, après avoir passé sous le pont de Chantereine (Mantes-la-Ville). — Parcours : 16 kilomètres. — Sur sa rive droite la Vaucouleurs reçoit, à Septeuil, le ru de Flexanville.

AUBETTE DE MAGNY ET SES AFFLUENTS

L'**Aubette** prend sa source à Nucourt, traverse le territoire de Velannes, Blamécourt, Magny, Hodent, Ambleville, et se jette dans l'Epte, rive gauche, à Bray-Lû. — Parcours : 7 kilomètres.

Les affluents de l'Aubette (rive gauche) sont le ru d'Arthieul et celui de Genainville ; sur sa rive droite, le ru d'Etrez et celui du Vaumion.

AUBETTE DE MEULAN ET SES AFFLUENTS

L'**Aubette de Meulan** prend sa source à Wy, mais quitte aussitôt l'arrondissement de Mantes pour se diriger vers ceux de Pontoise et de Versailles. Elle reçoit sur sa rive droite le ru d'Avernes, le ru de Montcient, et celui de Rueil, lequel a pour affluent — sur sa rive droite — le ru de la Bernon.

AFFLUENTS DE L'EURE

Le ru de *Radon* et la rivière de la *Vègre*.

La **Vègre** a un affluent sur sa rive gauche : la rivière d'Opton ; un sur sa rive droite : le Sauls-Richebourg ou Sausseron. La Vègre traverse le territoire de Condé, Bourdonné, Gambais, Maulette et Houdan. — Parcours : 10 kilomètres. — L'Opton passe à Dannemarie, Thionville et Houdan. — Parcours : 2 kilomètres.

SYNDICAT DE L'AUBETTE DE MAGNY

Directeur : M. Basset.
Membres : MM. Cartier, Champy, Groux, Lefèvre Tricoche, Trognon.
Suppléants : MM. Cochin et Quatrelivre.
Receveur : M. Tribaut, percepteur de Montreuil.

USINES ET MOULINS SUR L'AUBETTE DE MAGNY

NOMS	Force en ch.-vapeur	PROPRIÉTAIRES
Moulin d'Ambleville.	13.61	MM. de Montgeron.
Moulin de Bureau.	2.70	Guesnier.
Moulin de Hodent.	8.67	Trognon.
Moulin de Magny.	5.35	Lefèvre.
Moulin de Nucourt.	3.02	Manesse.
Moulin de Pont-Rû.	1.36	Duros.
—	1.36	Jubert.
Moulin de Vernouval.	5.89	Gilbert.
Moteur de M. Guesnier.	2.70	Guesnier.
Papeterie de Louvières (aujourd'hui Moteur agricole).	10 »	de Magnitôt.
Usine d'Amiel.	10.33	Leprêtre.

SUR LE RU D'ARTHIEUL.

Moteur agricole du Petit Arthieul.	2.68	de Sesmaisons.

SUR LE RU D'ÉTREZ

Moulin d'Étrez.	2.27	Veuve Devilliers.

SUR LE RU DE GENAINVILLE

Moulin de Genainville.	4 »	
Petit Moulin.	1.60	Héritiers Dupont.
Vieux Moulin.	5.50	Groux.
Filature du Pont d'Hennecourt.	7.06	Veuve Bouez.
Papeterie du Vieux-Moulin.	5.52	Levêque.

SUR LE RU DE VAUMION

Moulin du Vaumion.	2.27	Dubugtard.

SYNDICAT DE LA VAUCOULEURS

Président : M. Delisle père.
Membres. MM. Mahieu D., Journiac, Mauray, Bourdet, Mahieu J.,
Guerpin.
35 moulins à blé ou à tan, usines sur la Vaucouleurs — 4 sur le rû
de Flexanville.

SUR LA VAUCOULEURS

32 moulins à blé.

MOULINS	COMMUNES	Paires de meules	PROPRIÉTAIRES	LOCATAIRES
l'Elot (de)	Mantes-l-Ville	1	Lereilay fils.	le propr. exploite.
Bourgognes (des)	Auffreville	3	Apel.	Couil
		2		Boucher
Brosseuil (de)	—	3	Prud'homme	Devilliers
Coloret (du)	Civry-la-Forêt	1	Marivé	Marivé fils
Chantereine (de)	Mantes-la-Ville	1	Lariot	Thiberville
Chavannes (de)	Villette	2	Pigis	Maréchal
Cordeliers (des)	Mantes	2	Journiac	Désert
Cornier (de)	Auffreville	1	Launay	Gourdin
Dames (des)	Septeuil	2	Fournier	Maréchal
Epaillards (des)	Mantes-la-Ville	1	Aulet	néant
Epée (de l')	Montchauvet	1	Mahieu D.	Mahieu S.
Folie (de la)	Mantes-la-Ville	1	Bochant de Villiers	Mauray.
Frelons (des)	Rosay	2	Comtesse Jobal	Guerpin
Gelliers (des)	Auffreville	2	Lévesque	Boutry
Juzanne (de)	Mantes-la-Ville	1	Piel	Truffault
Mantes-la-Ville (de)	—	1	Petit	Baulin
Mécanique (de la)	Auffreville	3	Saussier	le propr. exploite.
Meux (de)	Rosay	1	Comtesse Jobal.	Potel
Montchauvet (de)	Montchauvet	2	Voltel	Guichard.
Niseuil (de)	Mantes-la-Ville	2	Mahieu J.	le propr. exploite.
Pierres (des)	—	1	Bochant de Villiers	Auché
Penche (de la)	Courgent	3	Mahieu D.	Lethias
Prés (des)	Mantes-la-Ville	3	Aulet	le propr. exploite
Bobes (des)	—	2	Aulet	Selle
Rosay (de)	Rosay	2	Comtesse Jobal	Royer
Seigneurie (de la)	Septeuil	1	Mahieu D.	néant
Tanneries (des)	Mantes	2	Lereilay père.	le propr. exploite.
—		1	Brigmotte	le propr. exploite.
Vert (de)	Vert	1	Delisle	Delisle fils
Villette (de)	Villette	2	Comtesse Jobal	Auché

Le moulin de Courgent, à M. Mahieu D., ne fonctionne pas.
2 moulins à tan.
Auffreville (d')   Barbier.   Belhomme.
Villette (de)   Legnay.   le propr. exploite.
L'usine à Auffreville, pour un mécanicien, dirigée par M. Lurois,
propriétaire.

SUR LA FLEXANVILLE

affluent de la Vaucouleurs

Moulin des Fontaines, à Breuil-Bois-Robert, 2 p. de meules, à
M. Lurois, ne tournant plus.

Moulin de Poussinière, à Flexanville, 1 p. de meules, à M. Le Goy
qui l'exploite.

Moulin de Septeuil, à Flexanville, 1 p. de meules, propr. M. Barbier; locataire, M. Barbier fils.

Moulin de Tessé, à Septeuil, 1 p. de meules à Mad. Libertat;
locataire M. Mordant.

NAVIGATION

« La 3e section de la Seine commence aux fortifications d'aval de
Paris et se termine au pont de Brouilly, un peu en amont de Rouen. »
(Rapport de M. de Lagrené, ingénieur en chef: tournée d'inspection
de 1876). Elle est divisée en trois arrondissements. Les travaux d'amélioration et d'entretien de la partie du fleuve qui traverse l'arrondissement *administratif* de Mantes, regardent le service du 3e arrondissement de la 3e section, service confié à M. Cameré, ingénieur ordinaire.

Il est question de porter à 3 mètres le tirant d'eau de la Seine entre
Paris et Rouen. Les projets définitifs sont déjà à l'étude.

La portion de la rive gauche du fleuve, comprise dans l'arrondissement de Mantes, a un développement de 51,260 mètres, de la borne
kilométrique 46 à la borne 147 (Blaru). La hauteur des berges varie
entre 4 mètres 50 et 5 mètres au-dessus de l'étiage. Quant au lit de
la Seine, il est formé généralement de gravier et de sable; sur
quelques points cependant, le calcaire est mis à découvert et prend le
nom de *falaise*; sur d'autres, on rencontre de la glaise et des cailloux.

La Seine reçoit peu d'affluents; cela tient à la nature du sol qui,
dans le bassin dit de la Seine, est formé de terrains perméables.
L'Epte, un de ces affluents, jette un de ses deux bras — dans la
Seine — au-dessus de Port-Villez; l'autre, au-dessous. Nous donnons,
au chapitre des ponts et chaussées, la nomenclature des cours d'eau
et de leurs affluents : rus et ruisseaux.

Le service de la navigation voudrait renoncer à l'entretien des
chemins de halage, lesquels, à peu d'exceptions près, sont la propriété
des riverains. Il n'y exerce qu'une servitude de halage, sans plus:
mais il fait la police de la navigation, service auquel il emploie les
conducteurs, cantonniers, éclusiers, barragistes et chefs de pont.

Notre arrondissement ne possède qu'une seule *écluse* : à Port-Villez. On construit au même lieu un barrage dont les travaux sont presque achevés. Comme toutes les autres écluses, celle de Port-Villez est pourvue d'un poste télégraphique pour les besoins du service, mais ouvert également au public, contre paiement. Le nombre des télégrammes privés, reçus ou expédiés par ce poste télégraphique, a été de 98, du 1er août 1875 au 1er août 1876; et de 135, du 1er août 1876 au 1er août 1877. — Chaque écluse est aussi pourvue d'un scaphandre dont les éclusiers apprennent à se servir; mais cette partie du service est encore en voie de formation.

Nous n'avons qu'un *port* à Mantes; encore n'est-ce qu'une estacade, à la compagnie Larget.

Les *bacs* sont relativement nombreux. En voici la liste :

Bonnières, affermé à M. Gustave Jorre, moyennant 1600 francs par an.

Juziers, affermé à M. Jean-Charles Dumont, moyennant 10 francs par an.

Lavacourt, affermé à M. Gabriel Guerbois fils, moyennant 150 francs par an.

Mousseaux, affermé à M. Nicolas Landrin, moyennant 21 francs par an.

Porcheville, affermé à M. Léonard Petit, moyennant 20 francs par an.

Port-Villez, affermé à M. Alexandre Constant Planche, moyennant 80 francs par an.

Rangiport, affermé à M. Pierre Jorre, moyennant 100 francs.

Rosny, affermé à M. Jacques-Barthélemy Colas, moyennant 150 francs par an.

Tripleval, affermé à M. Pierre-Ambroise Legris, moyennant 115 francs par an.

Le nombre de ces bacs, actuellement de 9, se trouvera réduit à 7 par la construction des deux ponts projetés, à Bonnières et à Rangiport.

Jusqu'ici il n'existe que trois ponts sur la Seine, dans l'arrondissement de Mantes : un pont suspendu, à péage, à La Roche-Guyon, le beau pont de pierre de Mantes, et le vieux pont de Limay.

Le vieux pont en pierres jeté entre Mantes et Limay avec point d'appui sur l'île de Limay, fut démoli en partie en 1595, et reconstruit à plusieurs reprises différentes. Du côté Mantes il aboutissait à la Porte aux Prêtres.

En 1757 commencèrent les travaux d'un nouveau, large et magnifique pont de pierre, à 50 toises au-dessous de l'ancien, en face de l'Étape. La première pierre en fut posée le 3 octobre 1759, mais les grandes eaux interrompirent plusieurs fois les travaux qui ne furent achevés que vers 1766. Le pavage, la pose des parapets et le percement de la route jusqu'à l'hôtel du *Cheval Blanc*, sont de l'année 1765 : un an auparavant, le 25 octobre 1764, on avait pu déjà commencer la démolition du vieux pont, entre Mantes et l'île de Limay.

En 1870, pendant la guerre, le beau pont projeté et commencé par Hupeau, mais continué et achevé par Jean-Rodolphe Perronet (1757-

1765), fut démoli par le service du génie; les ponts et chaussées l'ont fait reconstruire en 1874, telqu'on le voit aujourd'hui, large, solide, et d'un grand aspect.

Les dépenses, pour notre arrondissement, se sont élevées, en 1876, à la somme de 396,285 francs 13 centimes, qui se décompose ainsi :

Entretien..............................	17,000 fr.	
Indemnité à M. Jorre, fermier du bac de Rangiport..	100	
Travaux du barrage de Port-Villez.................	356,985	13
Etudes	3,000	
Dragages nécessités par la crue de Mars...........	19,200	
Total.................	396,285 fr. 13	

En 1877, les dépenses se décomposent en :

Entretien..............................	17,000 fr.	
Dragages occasionnés par la crue de 1876.........	5,521	79
Etudes de la dérivation projetée à Rolleboise pour donner à la Seine un tirant de 3 mètres........	10,000	
Sondages nécessités par ces études...............	8,580	
Travaux du barrage de Port-Villez..............	490,000	
Total.................	531,101 fr. 79	

La surveillance des pêches est exercée par 2 gardes.

MM. Cordon, à Mantes.
    Tirlet, à La Roche-Guyon,

qui touchent 1,000 francs par mois, plus une part dans les amendes infligées pour contraventions à la loi sur la pêche.

Les poissons qu'on rencontre dans les limites de l'arrondissement, sont : la carpe, le brochet, le barbeau, la brème, la tanche, la perche, la vandoise, le meunier, le goujon, l'ablette, le gardon, l'anguille et l'écrevisse. On y pêche quelquefois — mais accidentellement — des truites et des saumons.

Plusieurs causes s'opposent malheureusement à la conservation et à la reproduction du poisson : le rejet du frai sur les rives par le passage des bateaux à vapeur; le manque d'une répression efficace du braconnage; le peu de durée du temps où la pêche est interdite, (du 15 avril au 1er juillet), etc.

Il est vrai de dire que dans certaines réserves, la pêche a été prohibée pour 5 ans, à partir du 1er janvier 1875. Le bras de Juziers, ceux de Limay, de Guernes et de Jeufosse, sont rangés dans cette catégorie.

PERSONNEL.

Le personnel de la 3e section comprend 4 ingénieurs, 32 conducteurs et 15 gardes-pêche. Nous donnons le nom et le lieu de résidence des ingénieurs et de ceux des conducteurs domiciliés dans l'arrondissement.

Ingénieur en chef : M. Henri de Lagrené, *, à Mantes, rue de la Sangle, 27.

Ingénieurs ordinaires : MM. Cuvinot, ✳, à Paris, rue de Beaune, 11.
Cheysson, ✳, à Paris-Passy, rue de la Tour, 150.
Caméré, ✳, à Vernon, Eure.

Conducteurs de 2e classe : MM. Lapeyruque, à Mantes.
Bressin, à Port-Villez.

Conducteurs de 3e classe : MM. Després, à Limay.
Maison, à Port-Villez.
Poidatz, à Port-Villez.

Conducteurs de 4e classe : MM. Dupré, à Mantes-la-Ville.
Lambert, à Mantes.

Employés secondaires : MM. Grosland, à Mantes.
Boutiaux, à Mantes.
Lecomte, à Mantes.

SUPERFICIE ET POPULATION

DE L'ARRONDISSEMENT DE MANTES

Superficie : L'annuaire de Seine-et-Oise donne à l'arrondissement de Mantes une superficie totale de 87,695 hectares, qu'il décompose ainsi : canton de Bonnières, 17,988 ; — canton de Houdan, 23,616 ; — canton de Limay, 12,793 ; — canton de Magny, 19,904 ; canton de Mantes, 14,393. Or, l'addition de ces chiffres ne donne pas les 87,695 hectares annoncés, mais bien 88,694.

Le même annuaire, p. 218-220, contient des énonciations différentes. Il porte à 18,586 hectares la superficie du canton de Bonnières ; à 21,863, celle du canton de Houdan ; à 12,513, celle du canton de Limay ; à 19,673, celle du canton de Magny, à 14,038, celle du canton de Mantes. En additionnant ces nouveaux chiffres, on trouve un total de 86,673 hectares.

C'est la confusion !

Nous avions tenté de faire la lumière sur ce point, et grâce à l'obligeance de l'administration des contributions directes, nous avons relevé, à Versailles, sur le Terrier du département, les chiffres officiels ; mais ils sont loin de concorder avec ceux de l'annuaire de Seine-et-Oise, ou avec ceux que nous avons obtenus directement des communes. On voit qu'il est grand temps qu'un nouveau travail cadastral soit entrepris. Tout le monde en reconnaît la nécessité, l'urgence ; pourquoi s'arrêter devant certaines difficultés qui croîtront avec les années ?

Tout ce que nous pouvons faire, en un pareil chaos, c'est de donner — pour chaque commune du canton de Mantes — à l'article *Notices* historiques, les évaluations que nous ont gracieusement fournies les administrations municipales.

Population. L'arrondissement de Mantes compte 55,235 habitants, qui forment 125 communes, groupées par cantons.

Canton de Bonnières :	27 communes	9.460 habitants.
Canton de Houdan :	30 —	12.034 —
Canton de Limay :	17 —	7.713 —
Canton de Magny :	28 —	11.721 —
Canton de Mantes :	23 —	14.307 —
5 cantons.	125 communes	55.235 habitants.

Nous avons donné, p. 18 et suivantes, le chiffre de la population par communes, hameaux, écarts, etc.

COURTES NOTICES

SUR LES COMMUNES DU CANTON DE MANTES

Andelu. — ✉ de Thoiry (arrondissement de Rambouillet).

Superficie : 389 hect. 31 ares, dont 382,28 cultivés, et 7,03 en chemins, etc.

Population : 160 habitants, 78 hommes et 82 femmes ; soit 5 de plus que lors du précédent recensement.

Moyenne des naissances : 7; *des décès,* 4.

Electeurs municipaux : 44.

Electeurs politiques : 46.

Andelu, dont les revenus sont de 665 francs, fournit un homme au contingent militaire, et fait de la grande culture. — La ferme de M. Gilbert, propriétaire-cultivateur, a une contenance de 170 hectares. *Ecole primaire mixte :* 11 garçons et 13 filles.

La commune est réunie, pour le culte, à celle de Thoiry.

Charron : Lambrecht. *Cultivateurs :* Carlu, Gasselais, J. B Gilbert, Grenard, Lamarre, Pasquier, Pierre, Thibault, Tremblay. *Epicerie et vins :* Aubrun, Zéphir. *Laitier :* Arnoult. *Tabacs :* Aubrun.

Arnouville : (Arnoni villa, ixe s.; Arnulphi villa; Arnonvilla) ✉ de Septeuil.

Superficie : 935 hectares.

Population : 261 h. et 273 f. — Total : 534 habitants.

Moyenne des naissances et des décès : 5.

Electeurs municipaux : 175.

Electeurs politiques : 175.

Contingent militaire annuel : 5 hommes.

Grande culture. Le sol, très-fertile, produit du grain en abondance.

Ecole primaire: 25 garçons et 35 filles — *Subdivision de sapeurs-pompiers*; 26 hommes ; *sous-lieutenant*, Fr. Guillotin.

L'église, fort ancienne, et dédiée à Saint-Aignan, n'offre rien de remarquable. Une chapelle, au hameau de Saint-Léonard, jouirait — au dire de Cassan — d'une grande réputation auprès des nourrices. Restes d'un château fortifié, à Binanville.

Boulanger: Bornet. *Charrons-forgerons*: Carrey E., Godefroy E. *Cordonniers*: Gervais, Lecomte. *Cultivateurs*: Artus, Cochin, Colas, E. Dramand, Dreux, Garnier, Laurens, Masson J. B., Parize J., Royer A., Royer V., Théremon. *Maçons*: Aveux, Baillargeat, Fromont. *Maréchal*: Augustin A. *Menuisier*: Harret J. *Vins*: Boucher L., Cochin J. B., Croisé E., Decourty H., Dubois A., veuve Enot, Pellerin.

Auffreville. — ⊠ de Mantes.
Superficie: 218 hectares, dont 90 en prairies et en bois.
Population: 239 habitants (75 h. et 78 f.)
Moyenne des naissances, 5 ; *des décès*, 3.
Electeurs municipaux: 72.
Electeurs politiques: 72.

On y cultive le blé, l'orge, l'avoine et la vigne.

Le territoire d'Auffreville est traversé par les 2 bras de la Vaucouleurs, sur lesquels on a construit 4 ponts.

Ecole mixte: 10 garçons et 7 filles.

Pour le culte, la commune est réunie à Mantes-la-Ville. Donc, point d'église, mais une chapelle dédiée à Saint-Barthélemy.

Auffreville possède un atelier de constructions mécaniques pour moulins, batteurs à grains, etc.

Le fief d'Auffreville relevait, au XVe siècle, de la seigneurie de La Roche-Guyon.

Boinville (Borais villa ; Borani villa, IXe s. ; Boinvilla, XIIIe s. ; Boinville-en-Pincerais) ⊠ d'Epône.
Superficie: 483 h. 66 a., dont 473,39 cultivés.
Population: 242 habitants (119 h. et 123 f.)
Moyenne des naissances, 6 ; *des décès*, 7.
Electeurs municipaux : 75.
Electeurs politiques : 76.

Céréales et prairies artificielles.

Ecole mixte: 14 garçons et 16 filles.

Subdivision de pompiers, non encore réorganisée; mais la commune possède une pompe et ses accessoires.

Eglise dédiée à Saint-Martin.

M. Vivier, cultivateur à Boinville, a obtenu à Ws, au concours du 17 juin 1877, une médaille d'argent et une prime de 75 francs pour une pouliche baie de 2 ans, par *Interprète*.

Arpenteur-géomètre: A. Cru. *Boulanger*: Briel. *Bourrelier*: Hallavant A. *Charron*: Cosson Em. *Cordonniers*: Malbranche, Rohaut. *Cultivateurs*: Blosdeau, Broquet, Cornu, Cuqu J. Ch., Dufour, Hauducœur, Henry, Vivier El., Vivier L. Em. *Epiciers*: Briel, veuve Leblond. *Garde-champêtre*: Sosson. *Maçon*: Pigis fils. *Maréchal*:

Saint-Paul. *Menuisier* : Parquet. *Tisserands* : Laprété F,, Laprété
Fr. A. *Tonnelier* : Duchesne. *Tabacs et vins* : veuve Dutertre.

Boinvilliers. — [⚭] de Mantes.

Superficie : 319 h. 76 ares.

Population : 198 habitants (97 h. et 101 f.).

Moyenne des naissances : 4,5 ; *des décès*, 4,6.

Electeurs municipaux : 67.

Electeurs politiques : 67.

Culture de céréales : blé, avoine, et seigle en petite quantité. L'arboriculture, assez avancée, s'exerce surtout sur le poirier. — Ferme de 55 hectares, à M. Apeil F. J., louée à M. Mallévre E. Th.

13 garçons et 20 filles reçoivent l'instruction primaire.

L'église est placée sous le vocable de Saint-Clément.

Breuil-bois-Robert (Brogilum mansio Roberti, Braolet). [⚭] de Mantes.

Superficie : 362 hectares.

Population : 151 h. et 153 f. ; total : 304 habitants.

Moyenne des naissances : 5 ; *des décès*, 8.

Electeurs municipaux : 108.

Electeurs politiques : 110.

Céréales. Quelques hectares plantés en vignes.

12 garçons et 15 filles reçoivent l'instruction primaire.

Subdivision de sapeurs-pompiers, 20 hommes, commandée par M. A. Genestre, sous-lieutenant.

L'église, construite en 1780, est placée sous l'invocation de Saint-Gilles, *protecteur des petits enfants*.

Buchelay (Buschelidum, en 1080 ; Buschalide, IX° siècle). [⚭] de Mantes.

Superficie : 465 h. 10 a., dont 456 h. 83 a. cultivés.

Population : 305 habitants (147 h. et 158 f.)

Moyenne des naissances : 5 7/10 ; *des décès*, 12 5/10.

Electeurs municipaux et politiques : 97.

Culture : blé, méteil, seigle, orge, avoine, pommes de terre, vigne, arbres fruitiers.

Le bureau de bienfaisance a 131 francs de revenu.

20 garçons et 13 filles suivent les classes de l'école primaire.

Avant le concordat, Buchelay n'était pas érigée en paroisse et dépendait de Rosny ; l'église, dédiée à Saint-Sébastien, a été restaurée en 1846. — En 1876, la commune a fait les frais de l'aménagement d'une source qui forme une petite pièce d'eau.

Charcutier-épicier : Hauducœur. *Charpentier* : Ganot. *Cordonniers* : Bourgeois, Toussenat. *Cultivateurs* : Andrieux, Bieuville Fr., Bieuville O., Bonamy D., Bonamy H., Bonamy L., Cercueil, Debras, Duché J. L., Duché L. J., Hébert, Journiac, Lefèvre, Lepied, Leroux, Martin, Mantion A., Mantion J. B., Michu, Nogrette A., Nogrette H., Vathonne. *Epiciers* : Hébert, Jorda, veuve Lurne. *Maçon* : Nogrette A. *Marchand de porcs* : Nogrette H. *Maréchal-ferrant* : Chollet. *Tonnelier* : Cresté. *Vins* : Hébert.

Epône. (Spedona, Spedonunum, VIe s.; Espona 1163).

Bureau de poste et station du chemin de fer de Paris au Hâvre. Service télégraphique : bureau municipal ouvert de 9 h. à midi et de 2 h. à 7 pendant la semaine ; de 8 h. à 9 et de 1 h. à 2, les dimanches et les fêtes.

Superficie : 1287 h. 30 a. 70 c. en terres cultivées ; 29 h. 23 a. 22 c. en chemins, rivières et canaux. Total : 1316 h. 53 a. 92 c.

Population : 428 h. et 432 f. ; soit 860 habitants.

Moyenne des naissances, 16 ; *des décès,* 22.

Electeurs municipaux : 280

Electeurs politiques : 282.

Contingent militaire annuel : 6 hommes inscrits, en moyenne.

Revenu imposable de la commune : 79,273 fr. 63. Pour l'année 1877, les quatre contributions directes se sont élevées à 34,893 fr. 64.

Le bureau de bienfaisance possède un revenu de 325 fr. en rentes sur l'Etat, et la commune a droit à un lit et 1/2 à l'hospice de Houdan.

50 garçons et 50 filles reçoivent l'instruction primaire.

Subdivision de sapeurs-pompiers : 20 hommes ; M. Marais, sous-lieutenant.

Culture moyenne. Assolement triennal. Jachères utilisées pour la culture maraîchère : poireaux, petits pois, artichauts et quarantaine.

2 fermes : la ferme d'Epône, à Mad. veuve Didier, louée à M. Gilleton ; celle de Velannes, à M. Caffin qui la fait valoir lui-même.

La Maudre traverse le territoire de la commune ; à 1800 mètres de la route nationale 190, et du côté Nord, on a établi un barrage afin de déverser les eaux de la rivière dans un canal qui alimente la belle pièce d'eau du château de la Garenne.

Une voiture publique fait le service entre Maule et la station d'Epône : départ de Maule à 7 h. 15 du matin, 4 h. 15 et 7 h. 15 du soir. Départ d'Epône à 8 h. 50 du matin, 5 h. 50 et 8 h. 50 du soir. Entre Maule et Epône, 50 centimes. Entre Epône et la station, 15 centimes. Du 20 octobre au 1er mai le départ de 4 h. 15 n'a pas lieu.

Usages locaux. Les bois durs se coupent après 9 ans de pousse ; les bois blancs après 6 ans. On plante les arbres fruitiers à 3 m. 50 des chemins vicinaux, à 2 mètres des chemins ruraux, et l'on émonde à 1 mètre des chemins.

L'église, dédiée à Saint-Béat, domine le village ; elle est du douzième siècle. La flèche du clocher et les sculptures de la porte latérale méritent l'attention. (Aulnay-sur-Maudre, la Falaise et Nézel, constituées en paroisses — 1802 — par suite du Concordat, avaient jusqu'alors fait partie de la paroisse d'Epône).

Du château, admirablement situé, on domine toute la vallée de la Seine. Au XVIe siècle il appartenait à Jean de Créqui ; au XVIIIe, il était habité par Marie-Jean Hérault de Séchelles, membre de la Convention, qui y recevait souvent Danton, Desmoulins et le peintre David.

Epône a gardé des preuves visibles de son antiquité. Les *pierres de justice,* qui se dressent dans les environs de La Garenne, ne sont autre chose qu'un *dolmen* composé de 2 pierres de 4 mètres de longueur, supportées par 6 pierres coniques s'élevant de 60 centimètres au-dessus du sol. Et l'histoire nous apprend que Saint-Germain, évêque de Paris, mort le 28 mai 576 à l'âge de 80 ans, a visité Ep... dans une de ses tournées pastorales : la légende veut même qu'u y... guéri miraculeusement une vieille femme aveugle.

En 845, les Danois remontent la Seine, ... Rouen, Nantes ; et avant de se porter sur Paris où ils brûlèrent l'abbaye de Saint-Germain-des-Prés, ils prirent d'assaut la forteresse d'Épône. *Le trou aux Anglais*, près de l'embouchure de la Maudre, rappelle une victoire de Philippe VI, dit le Valois, sur les Anglais. Etc.

Arpenteurs-géomètres : Guilbert, Surgis. *Assurances* : Valin. *Boucher* : Andrieu. *Boulanger* : Duchesne. *Bourreliers* : Drouard, Harasse. *Charcutiers* : Cacheux, Denis, Laurent, Serans. *Charpentier* : Genestre. *Charrons* : Cacheux J., Cacheux L. *Cordonniers* : Chartier, Vidal. *Cultivateurs* : Auvray, Caffin, Frichot L., Gilleron, Marais. *Épiciers* : Cheval, Cloputre, Denis, Lefèvre, veuve Placet. *Maçons* : Bouvier, Dumesnil, Lesourd, Vavasseur. *Maréchaux* : Bouffard, Lefèvre. *Menuisiers* : Mercier, Perrier. *Notaire* : Decolange. *Officier de santé* : Brossard. *Peintres* : Duval, Masson, Vidal. *Percepteur* : Venot. *Sages-femmes* : veuve Goupy, Langlois. *Serrurier* : Gambon. *Tabacs* : Vauchin. *Vins* : Andrieu, Cacheux, Cheval, Denis, Lefèvre, Masson, Serans, Vauclin.

Falaise (la) — *Falesia* — ⊡ d'Épône.

Superficie : 305 h. 46 a. 51 c., dont 299 h. 35 a. 30 c. en terres cultivées.

Population : 197 habitants (103 h. et 94 f.).

Moyenne des naissances : 6 ; *des décès*, 8.

Électeurs municipaux : 64.

Électeurs politiques : 64.

1 conscrit, en moyenne, tous les ans.

Revenus imposables : 16,019 fr. 01.

Instruction primaire : 16 garçons et 9 filles.

Culture du poireau, des oignons, de la quarantaine. Primerères, juliennes, œillets. Ces produits sont portés sur les marchés de Paris, Versailles, Saint-Germain, Maule et Meulan.

Ferme de la Maremalaise, 50 hect., à M. J. E. Cheval qui la fait valoir. — Château dominant les vallées de la Seine et de la Maudre. Construit en 1854 sur l'emplacement de celui que Delille et Roucher ont célébré dans leurs vers (voir *les Mois* de Roucher) et qu'avait bâti le marquis de Tourny, intendant de Bordeaux. Roucher nous a laissé le nom de la première rosière dotée sur les fonds donnés à cet effet par le fils du marquis de Tourny : elle s'appelait Gilbert.

La Maudre coule entre les territoires de La Falaise et de Nézel. — L'église bâtie en 1598, aux frais de Philippe Demarle, a été restaurée en 1861 ; le plein cintre y domine. Elle est placée sous l'invocation de la Sainte-Vierge.

La voiture qui fait le service entre Maule et Épône, dessert la Falaise, Nézel et Aulnay ; prix 0,25. Pour plus de renseignements, voir la notice sur Épône.

Beurre... Jay...: Depresles H. J. *Maçons*: Déflubé, Depresles A. *Maréchaux*: Gosselin E., Gosselin M. *Menuisiers*: Boulanger, Croiset. *Tabacs et vins*: Vavas. *Vins et Épiceries*: Déflubé M., Leloup.

Flacourt (Flaacuria; Flacuria) 5 de Mantes.
Superficie: 430 hectares.
Population 91 habitants.
Électeurs municipaux: 27.
Électeurs politiques: 28.

On y cultive le blé, le seigle, l'avoine, l'orge, la luzerne et les betteraves.

Une ferme, à Madame la marquise de la Briffe, louée à M. Verrier. Près de la ferme, ruines du château des seigneurs de Flacourt. L'un d'eux, *Jean-bout-du-monde*, donna sa terre aux Célestins de Limay (1377).

L'église est dédiée à Notre-Dame; on y voit les tombeaux des anciens seigneurs du pays.

Gassicourt (Gacicuria; Gacicort, XIIIe s.) de Mantes.

Superficie:	h.	a.	c.
Terres labourables	502	21	75
Prés	24	13	13
Pâtures			72
Friches		83	90
Vignes	5	10	28
Bois	114	88	98
Jardins	1	71	70
Mare		14	10
Terres plantées	8	78	61
Propriétés bâties	1	66	80
Contenance imposable	779 h.	82 a.	57 c.
Friches à l'État	5	56	20
Chemins	16	73	48
Rivières	40	91	40
Total	**843 h.**	**03 a.**	**65 c.**

Population: 173 h. et 174 f. = 347 habitants. — 76 ménages habitent les 82 maisons du village; 26 occupent les 18 maisons de la cité Budicon et de la gare; les 7 maisons de la route de Rosny sont habitées par 10 ménages. Total: 107 maisons et 114 ménages.
Moyenne des naissances, 7; *des décès*, 4.
Électeurs municipaux: 99.
Électeurs politiques: 101.
Contingent militaire: 8 à 10 h. faisant partie de l'armée territoriale.
Revenus de la commune: 6,202 fr. 12.

Culture principale: le seigle. — Blé, avoine, orge, luzerne, petits pois, pommes de terre et un peu d'asperges.

16 garçons et 12 filles reçoivent l'instruction primaire — Subdivision de sapeurs-pompiers: 14 hommes; M. Rourel E., sous-lieutenant.

« L'église de Gassicourt est une des plus curieuses de la vallée de la Seine, de Paris à Rouen ; elle offre un type très-intéressant de l'architecture du XIe siècle. Suivant la tradition, elle aurait eu pour fondateur St-Gaucher, né à Juziers. Il est cependant certain qu'à l'époque où vivait le pieux ermite, le prieuré et l'église appartenaient déjà aux moines de Cluny ; nous en avons la preuve dans une charte de *Rudulphus Malevinus* (Raoul-de-Mauvoisin) donnant l'église de Gassicourt à St-Hugues, abbé de Cluny, qui vécut de 1024 à 1109. Ce sont les Bénédictins qui, puissamment aidés par Blanche de Castille et le roi son fils, bâtirent le sanctuaire et le décorèrent de ces splendides verrières dont les couleurs, à la fois douces et étincelantes, les figures simples et magistrales, le riche symbolisme enfin, excitent notre admiration. Plus tard ils entourèrent le chœur de grilles en bois finement travaillées, pendant que leur féconde imagination peuplait les stalles de mille sculptures. Au XVIe siècle, leur pinceau décrivait, sur la voûte de la chapelle de la Vierge, les scènes du jugement dernier, et ces fresques font époque dans l'histoire de la peinture..... » (l'abbé A. Jacquemot, ancien curé de Gassicourt).

La gare de Mantes-Embranchement se trouve sur le territoire de Gassicourt. *Chef de gare* : M. Richerolle. Il en est de même des ateliers du chemin de fer. *Chef du dépôt* : M. Gauthier ; *sous-chef* : M. Barrault.

Buffet de la gare : Grandjean. *Épicier-limonadier* : Réaubourg A. *Laitiers* : Réaubourg J. B., Rougeventre. *Maçonnerie* : Toulain. *Restaurateurs* : Boissel, Crétot, Lecomte.

Goussonville. — (Gousonvilla, Goussonvilla XIIIe s.) [?] d'Épône.
Superficie : 463 hectares.
Population : 216 habitants (106 h. et 110 femmes).
Moyenne des naissances, 5,5 ; *des décès,* 8,5.
Électeurs municipaux : 65.
Électeurs politiques : 65.
Contingent militaire : 3 hommes.
Revenus de la commune : 472 fr.
Revenus du bureau de bienfaisance : 30 francs.
École primaire : 11 garçons et 16 filles.

Culture des céréales. — Le château et le parc, aujourd'hui à Mme la comtesse de Castries, ont appartenu à la famille de Hallot, puis au vicomte de Serans, aïeul de M. Gaspard de Castries.

Les piliers de l'église, (placée sous le vocable de St-Denis), rappellent ceux de la crypte de l'ancienne abbaye de St-Denis ; l'église daterait donc du XIIe siècle.

Guerville. — (Guiardi villa, Guerrevilla, XIIe s.) [?] de Mantes.
Superficie : 800 hectares.
Population : 744 habitants (400 h. et 344 f.).
Moyenne des naissances, 15, *des décès,* 13.
Électeurs municipaux : 255.
Électeurs politiques : 256.
Contingent militaire : Armée active, 8 ; réserve 21. — Armée territoriale, 40 ; réserve, 38.

Revenus de la commune : environ 11,000 fr.

Culture : 150 h. froment, 20 h. méteil, 25 h. seigle, 35 h. orge, 150 h. avoine, 50 h. vignes, 15 h. pommes de terre, 26 h. betteraves, 8 h. prairies naturelles, 150 h. prairies artificielles.

Sapeurs-pompiers : 23 h. ; M. Petit, sous-lieutenant.

L'école de Guerville compte 13 garçons et 13 filles ; celle de La Plagne, 10 g. et 8 f. A Senneville, 12 g. et 11 f. suivent les classes de l'école catholique, 8 g. et 6 f. vont à l'école protestante.

L'église est grande, elle est dédiée à St-Martin ; les piliers sur lesquels repose la voûte sont intéressants, mais il y a beaucoup à réparer. Le hameau de Senneville possède une chapelle catholique et un prêche protestant. La chapelle de St-Germain de Secqval (de sicca valle) faisait partie du prieuré de ce nom, fondé par Henri de Guerville qui s'était croisé et avait été prisonnier des Sarrazins, à Négrepont, ainsi que le curé du lieu, lequel avait pris la croix avec son seigneur. Ce prieuré dépendait de l'abbaye de Clairefontaine, fondée en 1100 par Simon de Montfort, qui y avait établi des Augustins déchaux.

Ruines d'un château ayant appartenu à Gallerau III, comte de Meulan, lequel se distingua au siége de St-Jean d'Acre et mourut en Palestine — sans postérité.

Briqueterie — Carrières — Laiterie, à Senneville.

Carrier : Fleury. *Charrons* : Nogrette, Vallot. *Cultivateurs* : Beaucher A., Boulland E., Brout, Carlu, Cosson Aimé, Cosson André, Cosson J., Cosson P., Delamarre, Gautier, Lecomte, Legendre, Legrand, Muret, Pelletier, Turpin. *Epiceries et vins* : Gascoin, à Senneville ; Gautier Ch., Larcher, Vallot, à Guerville ; Genestre, à Plagne. *Forgeron* : Launay. *Tisserand* : Lecomte.

Jumeauville. — (Fleomodi villa, IXᵉ s., Jomevilla, XIIIᵉ s.), ⊡ d'Epône.

Superficie : 762 h. 34 a.

Population : 210 h. et 206 f. = 416.

Moyenne des naissances et des décès : 10.

Electeurs municipaux : 127.

Electeurs politiques : 128.

En moyenne, 1 conscrit tous les ans.

Revenus de la commune : 12,117 fr.

Grande culture. Assolement triennal.

3 fermes : une de 100 hectares, à M. Verrier G. ; une de 60 hect. à M. Thévenou V. ; une autre, de 60 hect. également, à Mᵐᵉ veuve Cochin. Les propriétaires font valoir eux-mêmes.

Revenus du bureau de bienfaisance : 50 fr. en rentes sur l'Etat.

Sapeurs-pompiers : 25 h. ; sous-lieutenant, M. Anseaume N.

L'église, dédiée à St-Pierre, avait été brûlée en 1585 par les calvinistes. Des deux anciens châteaux il ne reste plus trace. L'un, selon Cassan, était situé au-dessus du cimetière ; l'autre — dont il n'indique pas l'emplacement — était appelé le *Logis*.

Jumeauville avait une maladrerie et un prieuré d'Augustins, dit de St-Léonard du Coudray, à la collation de l'abbé de Clairefontaine.

Magnanville. — (*Magna villa, Maingnavilla*) ¾ de Mantes.

Superficie : 129 h. 23 a. 54 c., dont 126 h. 83 a. 50 c. en terres cultivées.

Population : 139 habitants (75 h. et 64 f.).

Naissances et décès, en moyenne : 2.

Électeurs municipaux : 38.

Électeurs politiques : 36.

Contingent militaire : 3 hommes, annuellement.

Revenus de la commune : 16,169 fr. 30.

Grande culture.

1 ferme, à M. de Magnanville, 170 hectares, louée à M. Ch. Barbier.

Château de Magnanville, au baron Robillard de Magnanville. Il avait été construit en 1750 par M. Ch. de Savalette ; M. Morel de Vendé, qui en fit l'acquisition, le vendit à son tour avec cette clause, que l'acquéreur démolirait les bâtiments d'habitation : ce qui eut lieu en 1803. Le baron Robillard, devenu propriétaire du parc et de la terre, y fit construire le château actuel.

Magnanville n'a pas d'église ; cette commune est réunie pour le culte à celle de Soindres.

14 garçons et 10 filles reçoivent l'instruction primaire.

Revenus du bureau de bienfaisance : 710 fr.

Cultivateurs : Barbier, Cosson, Royer. *Épicier* : Vassard. *Maçon* : Jumel Ch.

Mantes. — Le territoire de la commune est, depuis ses emprunts à Mantes-la-Ville, de 236 h., 95 ares et 79 centiares.

Lors du recensement de 1876, la population s'élevait à 5,649 habitants (2591 hommes et 3058 femmes), y compris les enfants. Ces 5649 habitants formaient 1865 ménages répartis et vivant dans 1049 maisons.

En 1877, l'état civil enregistrait 112 naissances (54 garçons et 56 filles) ; 17 mariages, et 116 décès (62 hommes et 54 femmes).

Le nombre des électeurs municipaux est de 1349 ; celui des électeurs politiques est de 1428.

Les recettes *ordinaires* de la ville sont de 85,199 fr. 90 ; ses dépenses *ordinaires* ne dépassent pas 55,000 francs.

Mantes fournit annuellement de 38 à 40 hommes au contingent militaire.

Secrétaire de la mairie : M. A. Langlois, rue de la Madeleine, 22.

Employé : M. Fernand Bance, fils.

Concierge-tambour-afficheur : M. Lamotte, à la mairie.

Gardien du cimetière : M. Fr. Cornet.

Fossoyeur et syndic des porteurs : M. A. Jouy, rue Boutin-Bourjalin.

Architecte de la ville : M. Dupuis, rue de la Pêcherie, 11.

N. B. Une notice historique sur la ville de Mantes ne peut ici trouver sa place ; elle exigerait un développement incompatible avec les bornes de ce travail ; mais nous ne renonçons pas à la publier à part, ou dans la 2e année de cet annuaire, si Dieu lui prête vie.

Mantes-la-Ville. — (Medunta 1133, Medunta villa, Medanta villa), à 3 de Nantes.

Superficie : 506 h. 50 a., dont 504 en terres cultivées.
Population : 990 habitants (480 h. et 510 f.).
Moyenne des naissances, 17 ; *des décès*, 19.
Electeurs municipaux : 277.
Electeurs politiques : 281.
Revenus de la commune : 675 fr.
Revenus du bureau de bienfaisance : 388 fr.
Sapeurs-pompiers : 20 h., sous-lieutenant, M. Perrin.

51 garçons et 53 filles reçoivent l'instruction primaire.

Petite culture : céréales, vignes, prairies naturelles et artificielles ; légumes pour la consommation des habitants.

Le territoire est baigné par la Seine et par la Vaucouleurs, dont les 2 bras font tourner plusieurs moulins. (Voir *Syndicat de la Vaucouleurs*).

L'église est dédiée à St-Etienne, premier martyr.

Le château appartient à la famille Brochant depuis 1698 ; il est aujourd'hui la propriété de M. André Brochant de Villiers.

Assurances : Montaudoin. *Cabaretiers* : Avice, Boucher, Cotty, Girard. *Charron-forgeron* : Mention. *Coins (fabr. de)* : Colet. *Cordonniers* : Bignant, Lenoir. *Epiciers* : Avice, Boucher A., Bourgeois, Hebras, Golard. *Instruments de musique (fabr. d')* : Goumas. *Maréchaux-ferrants* : Dufour, Fauveau. *Mercerie* : Lefèvre P. *Meuniers* : Aucher, Aulet, Bodin, Lereffait, Mahieu, Mauray, Selle, Thiberville. *Stores (fabr. de)* : Ballauf. *Tourneur en bois* : Thiberville. *Tuilerie* : de Bonnés et Couzard. *Vannier* : Cosson. *Vins en gros* : Sally, Sevin (représenté par Lamiot).

Mézières. — (Maceriae 980), c. d'Epône.

Superficie : 1015 hectares.
Population : 431 h. et 439 f. = 870 habitants.
Moyenne des naissances 20 ; *des décès*, 15.
Electeurs municipaux : 290.
Electeurs politiques : 293.
Contingent militaire : 1 homme en 1877.
Revenus de la commune : 800 fr.

Culture maraîchère, dans la vallée : oignon, poireau, quarantaine, chardon à foulon (pour les fabricants de drap). Dans la plaine, culture des céréales. — Au moyen de sources canalisées qui déversent leurs eaux dans un réservoir commun, on a pu établir un service de concessions de 400 litres par 24 heures. L'entrepreneur en est concessionnaire pour 30 ans. D'autres sources fort abondantes sont utilisées pour la culture maraîchère.

Sapeurs-pompiers : 30 h. ; sous-lieutenant., M. Joseph Lesieur.

L'église dédiée à St-Nicolas fut donnée en 970 au chapitre de Notre-Dame de Paris ; elle a été rebâtie au XIIe siècle. En 1521 François Ier la fit lambrisser de ses deniers : une inscription, placée à l'intérieur, les médaillons de ce roi et de sa 1re femme, Claude de France (?) en sembleraient la preuve. Des vitraux — de la même époque — racontent la généalogie de la Vierge. La confrérie de charité, sous le patronage de St-Sébastien et de St-Roch, est citée parmi celles qui ont rendu et rendent encore les plus grands services. Elle fait les inhumations dans un rayon de 10 kilomètres.

Au hameau de Villeneuve, chapelle de Sainte-Restitute, fondée, dit-on, par un des Créqui d'Épône. — Près du bois de Mézerolles était une commanderie de Templiers.

Boulanger : Henry. *Commerçants* : Gervais, Guitel, Marais, Maréchal, Sahuer, Vavasseur. *Féculerie* : Cacheux. *Jardinier-fleuriste* : Picot. *Laiterie* : Andrieux. *Maçonnerie* : Cabit, Trinité. *Maraîchers* : Choblet veuve, Gascoin, Guitel, Hauducœur. *Menuisier* : Boullanger.

Rosay. — (Rosetum, 1719) [?] de Septeuil.

Superficie : 150 hectares.
Population : 270 hab. (141 h. et 129 f.).
Moyenne des naissances, 4 ; *des décès*, 5.
Électeurs municipaux : 105.
Électeurs politiques : 106.
Contingent militaire : 2 conscrits.
Revenus de la commune : 4,200 fr.

Culture du blé, du seigle, de l'avoine, de l'orge, de la betterave, de la pomme de terre. Prairies artificielles. Dix hectares de vignes.

Ferme de Rosay, 120 hectares, à la comtesse de Jobal ; louée à M. Montant. — Château en pierres et en briques, entouré de larges fossés, situé à mi-côte, dans une position des plus pittoresques. Le parc est riche en points de vue variés, en grottes, en arbres de belle venue ; mais ce qui en fait le charme, ce qui en décuple la valeur, c'est l'eau qui court et chante sous forme de fontaines, de cascades et de rivières, qui s'étale en nappes, en bassins, en étangs.

M. Courtin, conseiller au Parlement sous Henri III, et qui fit construire ce ravissant châtelet, doit avoir été content de son architecte.

Rosay n'est pas paroisse ; la commune n'a qu'une chapelle de secours, dédiée à Sainte-Anne, et placée dans les dépendances du château ; c'est M. Chenedé, seigneur de Rosay, qui la fit construire. La crypte renferme les tombeaux de la famille Mazure et celui de M. le comte de Jobal. Le hameau de St-Corentin possédait une abbaye de Bénédictines, fondée en 1210 par Philippe-Auguste, et où fut enterrée, dit-on, Agnès de Méranie. En 1252 on y déposa aussi le cœur de la reine Blanche.

Jusqu'au 17 avril 1827, Rosay faisait partie du canton de Houdan.

17 garçons et 13 filles reçoivent l'instruction primaire.

Moulins sur la Vaucouleurs. — La voiture de Septeuil dessert Rosay.

Bois (*march. de*) : Coquelin, Veillet. *Épiceries et vins* : Duchesne, Lévélas, Sosson. *Menuiers* : Guerpin, Royer. *Tailleur de pierres* : Hamon. *Garde-champêtre* : Leteau.

Rosny. — (Rodonium, Ronelum, Rosniacum, Rodoniacum 1201, Rosneium) — Bureau de poste et station du chemin de fer de Paris au Havre.

Poste et service télégraphique : Mad. Fostier — *Chef de gare* : M. Constant.

Superficie : 510 hectares.

Population : 675 habitants (293 h. et 382 f.)

Moyenne des naissances, 11 ; *des décès*, 15.

Électeurs municipaux : 193.

Électeurs politiques : 190.

Contingent militaire annuel : 3 hommes.

Revenus du bureau de bienfaisance : 365 fr.

Subdivision de sapeurs-pompiers : 20 h. ; *sous-lieutenant*, M. Lemoine.

L'école primaire compte 68 élèves : 34 garçons et autant de filles.

Rosny cultive le froment, le méteil, le seigle, l'orge, l'avoine, la betterave et la vigne. Prairies artificielles. Culture maraîchère.

2 fermes : celle de *Malassis* (165 hectares), à M. Cochin ; et celle des *Huit routes* (160 hect.), à M. Olry qui la loue à M. Besnard.

Le château de Rosny, qui appartient depuis 1869 à M. Lebaudy, député de notre arrondissement, évoque naturellement le souvenir du grand ministre qui fut l'ami d'Henri IV ; mais il existait déjà au XIe siècle. On sait qu'en 1060 il appartenait aux sires de Mauvoisin, dont un descendant, Guy de Mauvoisin (ou Malvoisin), (1) fut gouverneur de Nantes dans la première moitié du XIIe siècle, comme l'a été trois siècles plus tard, en récompense de sa belle conduite à Ivry, Maximilien de Béthune, duc de Sully et baron de Rosny, qui succédait à son frère Salomon mort en 1597.

Une alliance avait fait passer Rosny dans la famille de Melun ; le mariage d'Anne de Melun avec Jean de Béthune le fit passer dans la maison de Béthune-Sully, et c'est dans ce château que 30 ans après, le grand Sully vit le jour (13 décembre 1560). C'est là aussi qu'il fut rapporté, blessé, le 14 mars 1590, après la bataille d'Ivry, et que le roi son ami vint le visiter dès le soir même. A la mort d'Henri IV (1610), Sully — en signe de deuil et d'affliction — fit interrompre les travaux de reconstruction du château, commencés en 1597 ; ils ne furent achevés que vers 1615.

En 1719 Rosny fut acheté par le comte François Olivier de Sénozan dont le petit-fils mourut sans postérité ; Mademoiselle de Sénozan de Viriville l'apporta en dot (1779) au comte de Talleyrand-Périgord, dont elle eut trois fils. L'un d'eux, le duc de Dino, garda Rosny jusqu'en 1817 et le vendit à M. Monroult, qui le cédait l'année suivante à la duchesse de Berry.

Un hospice de douze lits pour les indigents fut fondé par la princesse qui fit aussi construire une chapelle, en 1820, pour y déposer,

(1) Vers la fin de février 1100, Ansold, baron de Maule, céda le fief de ce nom à son fils aîné. Parmi les seigneurs conviés à la cérémonie d'investiture se trouvaient Raoul de Mauvoisin (Radulphus Malvicinus) gouverneur de Nantes, son fils Guibolt, Guillaume de Richebourg, Nivard d'Hargeville et Gasbolt de Jumeauville.

dans un cénotaphe de marbre, le cœur de son époux. Cette chapelle a été achetée en 1830 par M. le marquis de Rosanbo.

La révolution de 1839 fit passer Rosny dans les mains d'un banquier anglais, M. Stone, qui aliéna une partie des bois de ce magnifique domaine, et le remit douze ans après, amoindri, mutilé, au comte Le Marois, sénateur du second empire. Rosny resta la propriété de M. Le Marois, de 1842 à 1869.

De la ferme des Huit routes dépend une bonne partie des forêts de l'ancien domaine, de celles où Sully fit un jour couper pour cent mille livres de bois, afin de venir en aide à son maître dans l'embarras.

Les hôtes illustres n'ont pas manqué à Rosny, et à toutes les époques : en 1585, le duc de Joyeuse s'y arrêtait avant d'aller combattre la Ligue en Normandie ; 300 ans plus tard, à la veille de la révolution de 1830, Charles X y reçut le roi de Naples et lui donna des fêtes brillantes auxquelles assistait Louis-Philippe d'Orléans, que la couronne de France attendait à sa rentrée dans Paris.

Le site de Rosny est riant, mais il manque de pittoresque. Le château construit en briques et flanqué de deux pavillons carrés est entouré d'une ceinture de fossés larges et profonds ; son parc se prolonge sur le bord de la Seine.

Les salons du château sont riches en œuvres d'art et en armes historiques : citons la carabine de Charles IX, des meubles et des tentures qui datent de la Restauration, des tapisseries — ouvrage de la duchesse de Berry —, la salle à manger, très-remarquable (la cheminée surtout) par ses sculptures en bois, etc. Le nouveau propriétaire a meublé plusieurs pièces du rez-de-chaussée avec un grand luxe et un goût parfait ; et pour compléter la décoration du château, il y a placé des tableaux de maîtres, des tapisseries des Gobelins et des Flandres.

La chapelle, située sur le bord de la Seine, renferme deux toiles admirables de Ribera : le *Martyre de Saint-Laurent* et celui de *Saint-Barthélemy*. Ces tableaux faisaient partie de la galerie San Donato.

Blanchisseur : Paulet. *Boucher* : Cotinet. *Boulanger* : Maillard. *Bourrelier* : Héquin. *Cafetiers* : Allen, Cartier, Gaulard, Normand, Tuvin. *Charcutier* : Neveu. *Charrons* : Chevalier, Varin. *Cordonniers* : Hébert, Leroux. *Drapier* : Sosson fils. *Engrais* : Boulland L., Cochin L. *Entrepreneur de charpentes* : Leduc. *Épiciers* : Allaire, Hébert. *Jardiniers* : Bordelet, Dauvergne, Dumont, Lamotte, Letellier. *Maçons* : Crouzi, Normand. *Maréchal-expert* : Chemin F. *Maréchal-ferrant* : Allen. *Menuisiers* : Clergeon, Vacher. *Modes* : Madame Neveu. *Officier de santé* : Corlier. *Tabacs* : Fouché. *Tailleurs* : Chéron, Gaulard.

Soindres. — (Sœndrina, Soandre XIIe s.) ⚓ de Mantes.

Superficie : 501 hectares, dont 485 cultivés.

Population : 230 habitants.

Moyenne des naissances et des décès, 6.

Électeurs municipaux : 67.

Électeurs politiques : 69.

Contingent militaire : 2 hommes par an.

Revenu de la commune : 451 fr.

Grande culture : froment, méteil, seigle, orge, avoine, pommes de terre, betteraves pour distilleries.

2 fermes : l'une, de 230 hect., à M. de Magnanville, louée à M. Ledru ; l'autre, de 65 hect., à M. de Camboulas, louée à M. Thévenon.

Revenu du bureau de bienfaisance : 1164 fr.

Sapeurs-pompiers : Une subdivision non encore réorganisée.

Soindres a un passé historique. Guillaume-le-Breton, qui fit ses humanités à Mantes, dit, au IIIe chant de sa *Philippide*, que Henri, roi d'Angleterre, n'ayant pu réussir à surprendre la ville de Mantes, rallia son armée dans les plaines de Soindres et s'y arrêta quelques instants.

Inque Sændrinis juncto stetit agmine campis. (Cassan) (1).

Henri IV, après la bataille d'Ivry, passa quelques jours au château de Soindres, dont il reste encore 2 pavillons, au baron de Magnanville, habités par M. Ledru. — Soindres avait 2 châteaux, dont il ne reste plus trace : le château d'*Arche* et le *Château-Poissy* (*Pisciarum castrum*), et un couvent, celui du Mesnil-au-Bourg (2). Le nom de *château-Poissy* que portait également l'habitation de Gabrielle d'Estrées, au coin de la Grande rue et de la rue Royale de Mantes, a causé plus d'une erreur historique.

L'église, dédiée à St-Martin, n'a de remarquable qu'un bas-relief au dessus du bénitier et un autel en marbre blanc donné par M. le baron de Magnanville.

90 garçons et 15 filles reçoivent l'instruction primaire.

Charpentier : Legendre. *Cultivateurs* : Gautier H., Gautier St., Pelletier, Porcher. *Garde-champêtre* : Dupuis. *Maçons* : Jumel A., Jumel L. *Maréchal-ferrant* : Livet. *Tabacs* : Maurice. *Tisserand* : Lécuyer. *Vins* : Josseaume, Mantion, Maurice.

Vert. (Ver). ⊠ de Mantes. — Sur la rive gauche de la Vaucouleurs.

Superficie : 366 h. 08 a. 19 c.

Population : 334 habitants (174 h. et 160 f.).

Moyenne des naissances, 6,7 ; *des décès*, 10,2 ; *des mariages*, 2,8.

Electeurs municipaux et politiques : 109.

Contingent militaire : 2 hommes par an, en moyenne.

Culture des céréales.

1 ferme, dite ferme des Nones.

Sapeurs-pompiers : 10 h. ; M. Gervais Henri, sous-lieutenant.

32 garçons et 23 filles reçoivent l'instruction primaire.

La voiture de Septeuil s'arrête à Vert chez Mme Brunet, épicière.

Départ pour Mantes : 8 h. du matin et 3 h. du soir. Retour de Mantes, 11 h. du matin et 5 h. 1,2 du soir.

(1) Il campa dans les plaines de Soindres après avoir rallié ses troupes.

(2) *Mesnil* ou *Ménil* : nom donné aux exploitations agricoles et aux bâtiments qui en dépendent. Plus grandes, ces exploitations étaient appelées *court*.

L'ancienne église de Vert, située sur une hauteur, appartenait aux Célestins de Limay. La nouvelle est dédiée à St-Martin. Un curé de Vert, Jean de Chèvremont, a écrit l'histoire de Mantes (xviie siècle).
Chaudronniers: Fouque, Lempereur fils. *Cheraux (march. de)*: Mallèvre A. *Cordonnier*: Jean D. *Epiceries*: Brunet, Deloye, Despalins, Ruaux, *Fondeur*: Faustin Mallèvre. *Laitiers*: Biron, Carlu, Renault, *Maréchal-ferrant*: Larible, *Mécaniciens*: Despalins, Sosson J. *Menuisier*: Chauvin. *Meunier*: Delisle fils. *Plâtre (march. de)*: Sosson Fr. *Tissus*: Deloye, Ruaux. *Vaches (march. de)*: Brunet D. *Vins*: Brunet, Carlu, Deloye, Despalins, Ruaux

Villette. — (Villetta, Villula) ⊠ de Mantes.
Superficie: 459 h. 60 a. 78 c.
Population: 288 habitants (112 h. et 116 f.).
Moyenne des naissances, 6; *des décès*, 9.
Electeurs municipaux: 91.
Electeurs politiques: 90.
Culture des céréales et de la vigne.
11 garçons reçoivent l'instruction primaire.
2 ponts sur la Vaucouleurs, et un barrage. — Moulins à blé et à tan.
Bois (march. de): Benoit J., Richard J. *Charpentier*: Benoit J. *Charron*: Richard J. *Cordonnier*: Pigis J. *Cultivateurs*: Bellanger, Carlu A., Carlu E., Feuillet, Finet, Gasguin, Gervais B., Gervais D., Gervais G., Godefroy, Godet, Gosse E., Gosse Fr., Guénet E., Guénet F., Guénet Ph., Hébert, Jean, Jourdain, Lecomte A., Lecomte D., Lecomte H., Lelièvre, Moreau, Petit, Pigis E., Robin, Royer, Vernet. *Epiceries et vins*: veuve Chayer, Sosson. *Maçon*: Dumesnil. *Maréchal*: Tessier. *Meuniers à blé*: Auché J., Maréchal, Potel. *Meunier à tan*: Leguay. *Tonneliers*: Benoit Alphonse, Benoit Ari.

LISTE DES MAIRES, ADJOINTS, CONSEILLERS MUNICIPAUX

par cantons et communes

CANTON DE BONNIÈRES

Bennecourt. — M. David, *maire*. — M. Huppé L. Ph., *adjoint*. — *Conseillers municipaux* : MM. David, L. E. Hurel, F. Gilbert, J. B. F. Normand, L. Ph. Huppé, A. Abraham, Ch. F. Baudet, L. Jolivet, J. Pernelle, L. C. Hannoyer, A. Lassée.

Blaru. — M. Dreux, J. P. L., *maire*. — M. Dupuis V., *adjoint*. — *Conseillers municipaux* : V. Dupuis, E. Oudard, A. Lefrançois, E. Hache, H. Douville, J. P. L. Dreux, J. Marchand, D. Blin, L. J. B. Monsinglant, J. Roch, A. Etienne, P. F. Anseaume.

Boissy-Mauvoisin. — M. Leroy Fr., *maire*. — M. Ribot Fr, *adjoint*. — *Conseillers municipaux* : Ch. Duval, F. Leroy, P. Labbé, J. Prosnier, F. Ribot, A Lebas, J. Petitgrand, A Blondeau, L. Dezandé, J. Duchesne.

Bonnières. — M. Michaux J., *maire*. — M. Hourdou J. B., *adjoint*. — *Conseillers municipaux* : P. Beaugrad, J. Michaux, A. Saunier, L. A. Leblond, L. Bernay, Th. Lemoine, A. Chatelain, J. B. Hourdou, J. Buffet, B. Duval, F. Pommier, A. Pichon.

Bréval. — M. Martin P. H., *maire*. — M. Cadot X., *adjoint*. — *Conseillers municipaux* : P H. Martin, E. Guesnier, A. L. Buisson, D. Laurent, C. E. Bihorel, J. Lair, X. Fosse, C. Fessier, X. Cadot, J. B. Michel, P. Leroy.

Chaufour. — M. Leblond D. M., *maire*. — M. Cauquoin M. A., *adjoint*. — *Conseillers municipaux* : Leblond fils, Leblond père, A. Dauvel, L. Ch. Cliquet, A. Hurel, M. A. Cauquoin, J. E. Couturier, G. N. Delaune, P. F. Couturier, Ch. E. Couturier.

Cravent. — M. Lemoine A., *maire*. — M. Labbé A., *adjoint*. — *Conseillers municipaux* : A. Lemoine, A. Labbé, A. Baron, A. Rouyer, A. Baron, A. Douville, A. Moulard, A. Huan, J. B. Lejeune.

Favrieux. — M. Lebigre J., *maire*. — M. Deshayes J., *adjoint*. — *Conseillers municipaux* : M. Gosse, J. Lebigre, J. Deshayes, Th. Magny, J. Jean, L. G. Guillaume. J. Charpentier, A. Deshayes, P. Lévesque, B. Hébert.

Fontenay-Mauvoisin. — M. Cresté F. N., *maire*. — M. Gontier J., *adjoint*. — *Conseillers municipaux* : F. N. Cresté, J. Gontier, A. Boucher, A. Gautier, M. Allorge, A. Cosson, St-Aubel, J. Vimont, A. Mazurier, J. F. Lefèvre.

Freneuse. — M. Damême Fr., *maire*. — M. Normand Fr., *adjoint*. — *Conseillers municipaux* : MM. Fr. Damême, Fr. Normand, J. B. Gilbert, J. M. Bollanger, F. Choppard, A. Robillard, F. N. Rouvel, J. Dubois, J. A. Rouvel, Chevallier fils, L. D. Demante, F. Delatouche.

Commecourt. — M. Jérôme J. P., *maire*. — M. Drouard L. L., *adjoint*. — *Conseillers municipaux* : MM. J. P. Jérôme, L. Léon, F. H. E. Labbé, A. Mary, L. Ph. Leclerc, L. L. Drouard, J. B. S. Labbé, F. Lecœur, E. Bracq, A. M. Jérôme.

Jeufosse. — M. Augot A. R., *maire*. — M. Isard P. L. D., *adjoint*. — *Conseillers municipaux* : MM. P. L. D. Isard, A. R. Augot, J. B. D. Isard, J. Gosselin, J. P. M. David, J. L. Folie, J. B. G. Duval, A. Duval, A. J. Ledru, J. B. Baudry.

Jouy-Mauvoisin. — M. Cresté Fr., *maire*. — M. Guy H., *adjoint*. — *Conseillers municipaux* : MM. Fréd. Cresté, X. Hébert, P. Vimont, N. Lasne, A. Boucher, J. D. Cresté, L. Boucher, E. Cresté, H. Guy, D. Lefèvre.

Limetz. — M. Pernelle J. B., *maire*. — M. Barault J. B., *adjoint*. — *Conseillers municipaux* : Duchemin L. Fr., J. J. Morsent, J. A. Morsent, J. F. Gautier, L. E. Cauchoix, J. B. Peruelle, J. B. J. Leclerc, L. J. J. Lainé, J. B. Barault, Th. Morsent, A. D. Richard, S. A. Lainé.

Lommoye. — M. Halay A., *maire*. — M. Poulailler M., *adjoint*. — *Conseillers municipaux* : MM. A. Halay, M. Poulailler, G. Fosse, A. Maillard, A. Cochet, A. Boucher, P. Colbauv, L. Desmazis, Fr Poulailler, M. Poulailler.

Ménerville. — M. Vingtier P., *maire*. — M. Provost Fr., *adjoint*. — *Conseillers municipaux* : MM. P. Vingtier, F. Provost, F. Lemarié, F. Levieux, N. Aubel, H. Jean, J. Aubel, M. Aubel, A. Godet, P. Aubel.

Méricourt. — M. Auvray A. F., *maire*. — M. Renoult F. A., *adjoint*. — *Conseillers municipaux* : P. P. Renoult, A. F. Auvray, F. A. Renoult, L. C. Guerbois dit Arsène, J. P. Renoult, J. B. Boulard, G. Gérôme, Z. Rottanger, J. Nolle, Ch. E. Rance.

Moisson. — M. Saintard H., *maire*. — M. Delarue L., *adjoint*. — *Conseillers municipaux* : — MM. L. Delarue, H. Saintard, B. Nicolle, Jérôme père, A. Leseille, J. L. Renouel, A. Cressy; A. Delatouche, J. L. Cappry, J. F. Guerbois, L. Cappry, N. Charpentier.

Mousseaux. — M. Benoist Ch., *maire*. — M. Benoist V., *adjoint*. — *Conseillers municipaux* : V. Nolle, Ch. Benoist, E. Gritte, Th. Nolle, V. Benoist. Fr. Gritte, B. Mauzuit, J. Heude, J. B. Maneuit, F. Demontreuil.

Neauphlette. — M. Renoult L. J., *maire*. — M. Gautier A., *adjoint*. — *Conseillers municipaux* : MM. L. J. Renoult, L. Girard, A. Gautier, Th. Roulland, E. Daniel, Ch. Maréchal, J. Allorge. F. Gallerand, F. Hervey, J. Laurent.

Perdreauville. — M. Hèze A., *maire*. — M. Bocquet A., *adjoint*. — *Conseillers municipaux* : MM. L. Lesieur, E. Drocourt, A. Hèze, N. Launay, L. Thévenon, F. Paillard, L. Vingtier, A. Bocquet, P. F. Dubois, L. P. Legendre.

Port-Villez. — M. Lépine J. L., *maire*. — M. Vaudran H. A., *adjoint*. — *Conseillers municipaux* : MM. J. L. Lepine, H. A. Vaudran, L. A. Lecomte, P. Lesigne, A. Monsinglant, F. Hayet. A. Ravoir, L. Honfroy, J. L. Lesigne, A. Letellier.

Rollebolse. — M. Bossu P. V., *maire.* — *adjoint, néant.* — *Conseillers municipaux* : P. V. Bossu, E. Dupont, J. B. F. Viollet, F. Ferrand, D. Level, F. Noël, A. Chevallier, A. Pattu, L. G. Butty, L. Chevallier.

Saint-Illiers-la-Ville. — M. Henry D., *maire.* — M. Mary A., *adjoint.* — *Conseillers municipaux* : MM. Ch. Maillard, Fr. Cordon, P. Hévey, D. Henry, A. Mary, V. Tellier, P. Lemenu, G. Barré, A. Leroy, D. Eté.

Saint-Illiers-le-Bois. — M. Chaplain H., *maire.* — M. Allorge J. A., *adjoint.* — *Conseillers municipaux* : MM. H. Chaplain, J. A. Allorge, A. Boulland, Ch. Drouard, Cl. Douville, Ph. Lebas, F. Allorge, A. Coulbaux, A. Crestot, P. Martin.

Tertre Saint-Denis (le). — M. Jardinier R., *maire.* — M. Jardinier A., *adjoint.* — *Conseillers municipaux* : MM. A. Jardinier, R. Jardinier, J. B. C. Aubel, E. Jouanne, E. Aubel, A. Harang, P. Labiche, X. Louchard, J. B. Lemarié, E. Cannée.

Villeneuve-en-Chevrie. — M. Poulailler, *maire.* — M. Hérouard A., *adjoint.* — *Conseillers municipaux* : MM. L. Duteurtre, L. P. Audinel, A. Bertot, J. Lesieur, A. Hérouard, H. Poulailler, E. Launay, P. L. Desmousseaux, A. Sérout, A. Caillou.

CANTON DE HOUDAN

Adainville. — M. Buisson S., *maire.* — M. Méthéyé A., *adjoint.* — *Conseillers municipaux* : MM. S. Buisson, A. Méthéyé, J. Boussinier, F. Play, L. Henault, J. Drouin, A Fauchereau, J. Pimout, J. B. Germain, G. Asse.

Bazainville. — M. Blondeau E., *maire.* — M. Marchand E., *adjoint.* — *Conseillers municipaux* : E. Blondeau, F. Dantan, E. Marchand, P. Dablin, L. Debras, J. Vitrou, P. Hache, V. Fouchet, G. Dagron, E. Béguin.

Boissets. — M. Blin P., *maire.* — M. Milcent A., *adjoint.* — *Conseillers municipaux* : MM. A. Milcent, P. Neveu, A. Gautier, P. Blin, A. Lacollet, J Plisson, A. Viélard, F. Blin, A. Sergent, H. Jonot.

Bourdonné. — M. Dagron L. S., *maire.* — M. Chenot A., *adjoint.* — *Conseillers municipaux* : MM. L. S. Dagron, A. Thenot, L. Baudran, P. Davoust, J. L. Pasquier, J. Motron, A. Richard, F. Pelhuche, A. Méneray, S. Billet, E. Preneux, E. Prévost.

Civry-la-Forêt. — M. Coricon A., *maire.* — M. Giraud L., *adjoint.* — *Conseillers municipaux* : MM. L. Giraud, A. Coricon, V. Boucher, L. Chiquet, A. Dantan, L. Mauduit, H. Brunet, J. Lebras, E. Gougibus, G. Feuillet.

Condé. — M. Dagron J. M., *maire.* — M. Fosse N., *adjoint.* — *Conseillers municipaux* : MM. J. M. Dagron, N. Fosse, J. Blondeau, D. Fosse, J. B. Maulvault, J. Langevin, A. Maillier, J. B. Pian, E. Laplece, P. Riguet.

Courgent. — M. Jonot J., *maire.* — M. Massé D., *adjoint.* — *Conseillers municipaux* : E. Lurois, J. Jonot, V. Jonot, D. Massé, L.

Massé, P. Jacqueline, M. A. Vénard, L. Royer, H. Legrand, L. Desbrosses.

Dammartin. — M. Breton Z., *maire.* — M. Lainé L. V., *adjoint.* — *Conseillers municipaux.* — MM. Ph. Lainé, L. Métayer, L. V. Lainé, J. V. Dubois, Z. Breton, A. Rouvray, E. Foucher, L. Lainé, Ph. Lecomte, E. Lemaire, U. Lainé, L. V. Legrand.

Dannemarie. — M. Dagron C. M., *maire.* — M. Pian F. J., *adjoint.* *Conseillers municipaux :* MM. M. Chable, A. Souillard, St. Pichard, A. Harasse, C. M. Dagron, F. J. Pian, H. Peigné, L. Souillard, H. Etard, J. A. Dagron.

Flins-Neuve-Eglise. — M. Dubois J. P., *maire.* — M. Dorlot Fr., *adjoint.* — *Conseillers municipaux :* J. P. Dubois, F. Dorlot, E. Baudu, J. J. B. Dorlot, Ph. Lepoil père, S. Lepoil, P. Dorlot, L. C. Boulland, A. Nez, A. Lavril.

Gambais. — M. Lesprillier A. L., *maire.* — M. Benard P. V. F., *adjoint.* — *Conseillers municipaux :* MM. E. Rivet, X. Divan, A. L. Lesprillier, H. Croisille, A. A. Fleury, P. M. C. Leloup, P. V. F. Bénard, P. Harenger, B. Goupy, M. Preneux, E. Vasseur, E. Duhay.

Grandchamp. — M. Lecourt P., *maire.* — M. Huret V., *adjoint.* — *Conseillers municipaux :* MM. P. Lecourt, V. Huret, A. François, V. Madelaine, F. Dufriche, F. Bourgeois, A. Boisson, F. Perrin, V. Pian, P. Hébert.

Gressey. — M. Mary A., *maire.* — M. Chiquet J. B., *adjoint.* — *Conseillers municipaux :* MM. A. Mary, J. B. Chiquet, V. Rousseau, A. Morin, E. Berranger, V. Rémy, V. Guillot, A. Plisson, L. J. Leroy, L. A. Loiseau.

Hargeville. — M. Pelletier J. B., *maire.* — M Pelletier Ch. A., *adjoint.* — *Conseillers municipaux :* MM. E. Floneau, Ch. Pelletier, J. B. Pelletier, V. Mangot, S. Privé, L. Maurice, L. Bourguignon, A. Pelletier, C. A. Pelletier, J. Simon.

Haute-Ville (la). — M. Venard A., *maire.* — M. Venard A., *adjoint.* — *Conseillers municipaux :* MM. A. Venard, V. Venard, C. Marteau, J. Lelaidier, Th. Bellan, A. Noël, J. Hébert, A. Hébert, D. Patin, E. Fec.

Houdan — M. Delafosse L., *maire.* — M. Marais J. P., *adjoint.* — *Conseillers municipaux :* MM. J. P. Marais, Th. Pelluche, J. Deschamps, E. Piat, L. Delafosse, L. Malin, E. Huet, A. Grossin, L. F. Mahieu, P. Boulard, J. F. Genret, F. R. Lafon, E. Marchand, Jean dit Letaillis, H. Esnol, V. Pelletier.

Longnes. — M. Alleaume A., *maire.* — M. Leblond G., *adjoint.* — *Conseillers municipaux :* MM. A. Alleaume, A. Lavril, G. Leblond, A. Héron, J. Labiche, H. Dupuis, F. Alleaume, P. C Boulland, E. Dhivert, J. Lefrère, H. Lemarié, Fr. Lair.

Maulette. — M. Durand L. R., *maire.* — M. Delaunay M., *adjoint.* — *Conseillers municipaux :* MM. L. R. Durand, L. E. Peigné, Pignot-Audé, M. Delaunay, L. Dufour, J. Aubé, L. Boisson, J. Letartre, J. Robert, A. Eude.

Mondreville. — M. Croix P., *maire.* — M. Croix E., *adjoint.* — *Conseillers municipaux :* MM. P. Croix, E. Croix, P. Leredde, P

Mabille, J. Bossu, J. Laurent, E. Mabille, P. Alleaume, A. Labiche, A. Potel.

Montchauvet. — M. Bigre A., *maire.* — M. Laurent J., *adjoint.* — *Conseillers municipaux :* MM. Ch. Poussin, D. Groux, L. Groux, V. Ferrant, A. Bigre, J. Laurent, A. Barelle, L. Bourgeois, A. Chatenet, F. J. Duval.

Mulcent. — M. Havé J. B., *maire.* — M. Jonot M., *adjoint.* — *Conseillers municipaux :* MM. A. Jonot, J. L. Jonot, L. Duval, J. B. Havé, E. Jonot, C. Souvray, A. Havé, A. Vigneron, M. Jonot, N. Langlois.

Orvilliers. — M. Lhopital J., *maire.* — M. Bauve V., *adjoint.* — *Conseillers municipaux :* MM. J. Lhopital, A. Ouachet, V. Bauve, L. Handucœur, W. Jossard, Saint-Denis, J. Huet, E. Deschamps, St. Volland, J. B. Barbier.

Osmoy. — M. Duclos E. A., *maire.* — M. Michel St., *adjoint.* — *Conseillers municipaux :* A. Labiche, E. A. Duclos, St. Michel, A. Drouet, E. Dupain, E. Lemoine, F. Jonot, F. Bignault, P. Charpentier, Z. Leroy.

Prunay-le-Temple. — M. Petit E. V., *maire.* — M. Faroult E., *adjoint.* — *Conseillers municipaux :* MM. E. Faroult, E. Bourrellier, J. B. Giraux, A. Bourrellier, E. V. Petit, P. Clément, P. Guillemin, A. Lemaître, J. B. Faroult, E. Bénard.

Richebourg. — M. Lamiot Ph., *maire.* — M. Matrce J., *adjoint.* — *Conseillers municipaux :* MM. Ph. Lamiot, J. B. Tremblay, J. Mahieu, V. Richard, A. Delaitre, E. Dantan, L. A. Jardin, E. Vitrou, E. Galle, G. A. Gautier, J. P. Rousseau, C. Michel.

St-Martin-des-Champs. — M. Gossiôme E., *maire.* — Porcher X., *adjoint.* — *Conseillers municipaux :* MM. E. Gossiôme, L. Hébert, D. Pignault, J. G. Cornu, F. Blondeau, E. Dubois, A. Langlois, F. Anquetin, L. Petit, Porcher X.

Septeuil. — M. Lavaille A. F., *maire.* — M. Ravenet E. A., *adjoint.* — *Conseillers municipaux :* MM. F. Dubocq, C. Dauvillier, E. G. Frichot, A. F. Lataille, A. J. Huvé, baron d'Harembert, E. A. Ravenet, M. F. Petit, Th. Michel, L. Marchand, L. Pignot, F. Lebrec.

Tartre-Gaudran (le). — M. Allais L., *maire.* — M. Delaisse B., *adjoint.* — *Conseillers municipaux :* MM. L. Allais, B. Delaisse, N. Catin, L. Catin, A. Bieuville, F. Perrin, P. Leroux, L. Oudard fils, J. Pian, F. Hébert.

Thionville-sur-Opton. — M. Pian J. V., *maire.* — M. Briout J. M., *adjoint.* — *Conseillers municipaux :* MM. P. Augros, F. Besnard, J. V. Pian, J. M. Prioul, G. Kergueno, P. Delaisse, L. Besnard, J. B. Preneux, E. Chemin, Chemin fils.

Tilly. — M. Moisson P. A., *maire.* — M. Baroche A., *adjoint.* — *Conseillers municipaux :* MM. P. A. Moisson, B. Lécrivain, A. Baroche, P. Mordant, N. Bellaunay, J. Bossu, A. Robin, L. C. Oury, Ad. Robin, S. Lavigne.

CANTON DE LIMAY

Brueil. — M. Maret J. B. P. A., *maire.* — M. Damoville L. N. A., *adjoint.* — *Conseillers municipaux :* MM. J. B. Maret, J. St. D. Gosselin, E. Th. Bouillant, L. F. Andrieux, L. N. A. Damoville, M. Jeanne, D. A. Boullet, A. F. Bourgeois, E. Boulet, A. Boussiard.

Drocourt. — M. Pilleux H. L., *maire.* — M. Mauger A. J., *adjoint.* — *Conseillers municipaux :* MM. H. L. Pilleux, A. J. Mauger, J. Leclerc, J. L. Dubois, M. A. Duché, H. V. Alexandre, D. A. Dubois, A. Léger, J. L. Prieur, J. D. Bourgeois.

Follainville. — M. Moussard, *maire.* — M. Lenoir J. V., *adjoint.* — *Conseillers municipaux :* MM. J. V. Lenoir, L. F. Moussard, G. C. Desportes, H. Lefort, A. Canoville, L. J. Masson, F. Poyer, L. F. Lenoir, J. B. Moussard, J. F. E. Hébert, J. C. F. Chappée, Desportes D. A.

Fontenay-St-Père. — M. le Marquis de Rosanbo, *maire.* — M. Lanchantin A., *adjoint.* — *Conseillers municipaux :* MM. marquis de Rosanbo, H. Cadville, V. Cabit, J. B. L. Gibert, A. Lanchantin, F. Rayer, I. J. B. Béguin, E. Dubois, J. Lanchantin, E. V. Rallet, L. A. Maugé.

Gargenville. — M. Godde J. B. D., *maire.* — M. Thourout T., *adjoint.* — *Conseillers municipaux :* MM. D. Marié, F. P. Jorre, J. B. D. Godde, C. F. Equin, P. E. Drocourt, St. Normand, A. Liard, C. F. Chandellier, C. Michaux, J. Hersent, T. Thourout, A. Poupin.

Guernes. — M. Duval J. A., *maire.* — M. Ducauchuis J. L., *adjoint.* — *Conseillers municipaux :* MM. J. A. Duval, J. L. Ducauchuis, F. J. L. Ledelet fils, L. F. F. Ledelet, L. M. C. Desportes, V. Dufour, C. Dufour père, H. Lenoir, J. B. D. Talbot, J. B. D. Legendre.

Guitrancourt. — M. Dauvergne V., *maire.* — M. Pépin Fr., *adjoint.* — *Conseillers municipaux :* MM. J. Hébert, V. Dauvergne, F. Pépin, E. Pinard, J. Bouret, T. Rault, J. Petit, E. Dupuis, F. Potel, J. B. Pinard.

Issou. — M. Berthaux J. D., *maire.* — M. Drocourt L. Fr., *adjoint.* — *Conseillers municipaux :* MM. L. F. Drocourt, L. M. Petit, J. D. Berthaux, D. Normand, H. Girard, J. B. Levillain, H. Jean, A. A. Normand, Th. Petit, R. Levillain.

Jambville. — M. Vaudran F. R., *maire.* — M. Villot F. D., *adjoint.* — *Conseillers municipaux :* F. R. Vaudran, A. T. Bouillette, A. Bertrand, L. Duvivier, F. M. Verneuil, D. F. Bouillette, F. D. Villot, A. Malançon, P. D. Viollet, C. F. Thomas.

Juziers. — M. Langot J. L., *maire.* — M. Motte L. A., *adjoint.* — *Conseillers municipaux :* MM. L. B. Chappée, J. Ledoux, A. Th. Lelièvre, L. A. Motte, J. L. Langot, F. A Charpentier, H. Mary, J. E. Delapalme, J. B. D. Lebœuf, L. H. Levieil, D. L. Falaise, E. J. Levieil.

Lainville. — M. Legrand, *maire.* — M. Lecoq Fr., *adjoint.* — *Conseillers municipaux :* MM. H. E. Allen, C. A. Pupin, Fr. Lecoq, Legrand, J. F. Dubois, Ch. Content, D. Pelletier, L. Legrand, J. Villette, A. Dureau.

Limay. — M. Duvivier J. L., *maire*. — M. Cadiou N. H., *adjoint*. — *Conseillers municipaux* : MM. L. A. Bihoret, J. L. Duvivier, J. Aubin, J. Laurent, V. A. Grison, A. D. Cacheux, J. S. Aubin, L. T. Duvivier, J. G. Ferrand, P. D. Merlot, N. H. Cadiou, V. B. Desgranges.

Montalet-le-Bois. — M. Hébert J. B., *maire*. — M. Laurent D., *adjoint*. — *Conseillers municipaux* : MM. J. B. Hébert, X. Vaudran, D. Laurent, J. Grillon, J. L. Dubois, E. Bradel, A. Godet, A. Laurent, A. Duruelle, C. Vaudran.

Oinville. — M. Gadan J. J., *maire*. — M. Lamette S., *adjoint*. — *Conseillers municipaux* : MM. S. Lamette, J. J. Gadan, A. Hamot, A. D. Renard, A. de Potter, D. Fouque, E. Dupré, A. Beauferey, J. Monvoisin, Delisle père, E. Viollet, M. Visbecq.

Porcheville. — M. Lemoine L. A., *maire*. — M. Bellan P. E., *adjoint*. — *Conseillers municipaux* : MM. P. E. Bellan, F. A. Bellan, L. A. Lemoine, F. E. Godde, C. S. Adam, J. B. Pierre, E. A. Hébert, Th. Gasguin, Andrieux fils, J. M. Lesieur.

Sailly. — M. Joye D., *maire*. — M. Léger A., *adjoint*. — *Conseillers municipaux* : MM. D. Joye, A. Vavasseur, A. Hallavant, A. Prieur, Fr. Morin, A. Léger, A. Caumont, Ch. Noël Andrieu, C. Prieur, vicomte F. de Crux.

Saint-Martin-la-Garenne. — M. Desplanches H., *maire*. — M. Talbot Fl., *adjoint*. — *Conseillers municipaux* : MM. J. J. D. Hébert, Z. Collantier, F. D. Breton, D. Breton, H. Desplanches, E. Hébert, F. Talbot, F. Hébert, J. A. Breton, L. P. Breton.

CANTON DE MAGNY

Aincourt. — M. Revelle G. A., *maire*. — M. Chevalier L. B., *adjoint*. — *Conseillers municipaux* : MM. P. M. Auger, Ch. A. Revelle, D. Leroy, A. Hermand, F. E. André, J. F. Riblet, L. Aimard, L. B. Chevalier, G. M. Vassal, F. N. Deguery.

Ambleville. — M. Leprêtre L. E., *maire*. — M. Pourillet P. L., *adjoint*. — *Conseillers municipaux* : MM. E. C. Enard, J. J. B. Blot, F. D. Edeline, L. E. Leprêtre, L. B. Lapinte, P. L. Berry, D. Berry, F. D. Leprêtre, P. L. Pourillet, P. D. Pied.

Amenucourt. — M. Sécache J. B. R., *maire*. — M. Tercinet P. A., *adjoint*. — *Conseillers municipaux* : MM. P. A. Tercinet, P. L. E. Gérout, J. B. R. Sécache, A. A. Placet, B. A. Heudebert, L. A. Guimier, L. Poreau, F. L. Tercinet, A. A. Legous, N. J. B. Leprêtre.

Arthies. — M. Hache D., *maire*. — M. Joye E., *adjoint*. — *Conseillers municipaux* : MM. E. Joye, D. Hache, G. Bénard, A. Lelèvre, E. Seyeux, J. Bénard, E. Renard, H. Guimard, Ch. Graff, C. Siroy.

Arthieul. — M. Cochin L. E., *maire*. — M. Pouché P. H., *adjoint*. — *Conseillers municipaux* : MM. G. V. Meslin, P. H. Pouché, L. E. Cochin, J. L. Boulanger, H. N. Massieux, A. J. Durot, F. L. Ménard, E. H. Deguiry, A. Boulanger, D. A. Duval.

Banthelu. — M. Bachelier C. G., *maire.* — M. Roussel F. C., *adjoint.* — *Conseillers municipaux* : MM. B. A. Censier, F. C. Roussel, Ch. G. Bachelier, N. L. Denis, H. D. Bouillette, A. M. Julien, J. B. Davaille, G. D. Chéron, Z. L. Auger, F. J. Lejeune.

Blamécourt. — M. Guesnier N. A., *maire.* — M. Maigniel A. A., *adjoint.* — *Conseillers municipaux* : MM. N. A. Guesnier, A. Maigniel, P. A. Sanguin, J. L. Philbert, F. M. Lajoie, P. E. Corbin, A. A. Philbert, F. J. Fégueux, J. A. Lajoie, J. B. Fégueux.

Bray-et-Lû. — M. Champy Ch., *maire.* — M. Jouenne Th., *adjoint.* — *Conseillers municipaux* : MM. Ch. Champy, E. Léger, H. Jubert, A. Rousselet, Th. Jouenne, A. Cabot, Th. Déreroje, O. Laporte, L. Gilbert, H. Thoué.

Buhy. — M. Rayer L., *maire.* — M. Maradas Ph., *adjoint.* — *Conseillers municipaux* : Ph. Maradas, L. Rayer, V. Lemirre, F. Caron, C. Lançon, C. Trochon, B. Filliâtre, L. Bove, J. Rayer, L. Branchu.

Chapelle (la). — M. Lecoq J. E., *maire.* — M. Maradas D., *adjoint.* — *Conseillers municipaux* : MM. J. E. Lecoq, D. Dagneaux, L. Ancelin, H. Laudé, M. Rayer, D. Maradas, M. Fontaine, B. Lefèvre, D. Berry, P. Dagneaux.

Charmont. — M. Hamot J., *maire.* — M. Leclerc P. L., *adjoint.* — *Conseillers municipaux* : MM. J. Thiriet, F. Hamot, P. L. Leclerc, Z. Pouchet, N. Cabaigne, J. Hamot, J. Ricordel, G. Mercier, L. A. Benoit.

Chaussy. — M. Michaux M., *maire.* — M. Fouet A., *adjoint.* — *Conseillers municipaux* : MM. A. Fouet, M. Michaux, J. B. Sarazin, L. Cartier, H. Boutignon, A. Gilbert, P. Maury, A. Leprêtre, A. Chéron, P. Cabin, J. B. Faburel, E. Foucault.

Chérence. — M. Groux L. D., *maire.* — M. Picard L., *adjoint.* — *Conseillers municipaux* : MM. L. D. Groux, A. Ozanne, L. Picard, S. Legrand, A. Tersinet, A. Bréant, G. Guimier, A. Fournier, A. Bailly, E. Boucher.

Genainville. — M. Fouet A., *maire.* — M. Groux F., *adjoint.* — *Conseillers municipaux* : MM. A. Fouet, F. Groux, B. Boucher, G. Hamot, A. Trognon, F. Lefèvre, D. Louret, E. Lemoine, A. Primault, M. Lemoine.

Haute-Isle. — M. Nicolle L., *maire.* — M. Jourdain A., *adjoint.* — *Conseillers municipaux* : MM. L. Nicolle, F. Perrier, A. Jourdain, J. B. Langlois, G. Weitz, P. Nion, N. Huppé, J. C. Perrier, F. St-Etienne, Th. St-Etienne.

Hodent. — M. Trognon P. A., *maire.* — M. Bellay L. A., *adjoint.* — *Conseillers municipaux* : MM. L. A. Bellay, P. A. Trognon, H. Lemaire, L. C. H. Castillard, L. H. Goulet, A. Philippon, J. B. T. Chéron, L. Denis, E. X. Duport, E. Letort.

Magny. — M. Basset P. J., *maire.* — M. Audier F., *adjoint.* — *Conseillers municipaux* : MM. P. J. Basset, J. F. Pillet, L. B. Gauthier, A. E. Bergeron, J. Langlois, G. E. Feuilloley, L. A. E. Bailly, J. B. Devesly, A. Hamot, L. Chéron, F. A Salel, F. Audier, L. A. Lefèvre, St. Coville, D. B. Breton, A. A. Manesse.

Maudétour. — M. Delorme D. M., *maire.* — M. Lefèvre A., *adjoint.* — *Conseillers municipaux :* MM. D. M. Delorme, D. Catel, T. H. Truffaut, A. Lefèvre, comte de Raucher, C. E. Legendre, X. P. Poittevin, F. Cauchard, A. Maillard, O. A. Béquet.

Montreuil. — M. le comte de Boury, *maire.* — M. Pourfillet X., *adjoint.* — *Conseillers municipaux :* E. Aubourg, comte de Boury, S. Richaume, A. Boudemont, A. Massieu, N. Planche, P. Sanguin, S. Lemaire, A. Lasne, X. Pourfillet, J. Mordant.

Omerville. — M. Philippon L. A., *maire.* — M. Gillot E., *adjoint.* — *Conseillers municipaux :* MM. E. V. Cauchard, L. A. Philippon, E. Gillot, J. Odoux, F. E. Moreau, A. C. Berry, E. N. Pourfillet J. B. Odoux, P. Denis, R. Goulet.

Roche-Guyon (la). — M. Fournier M. A., *maire.* — M. Saintard, L., *adjoint.* — *Conseillers municipaux :* MM. M. Leconte, M. A. Fournier, J. B. Jourdain, L. Duval, C. A. Charpentier, L. Saintard, J. Toutain, E. Brevet, E. Donon, A. Trotard, A. Masseau, A. Blié.

Saint-Clair-sur-Epte. — M. Noyer Th., *maire.* — M. Thierry P., *adjoint.* — *Conseillers municipaux :* MM. P. M. D. Thierry, A. Argant, Th. Noyer, H. Raver, P. N. Fontaine, F. Savignac, F. A. Leroux, A. Henry, F. Biard, A. Lafosse, J. B. Leprêtre, A. E. Prévost.

Saint-Cyr-en-Arthies. — M. Pilleux L. D., *maire.* — M. Hamot A., *adjoint.* — *Conseillers municipaux :* MM. L. D. Pilleux, J. Cousin, J. Provost, E. Dannery, L. Havard, J. Dablin, P. F. Didot, D. Verneuil, J. B. Rousselle, A. Hamot.

Saint-Gervais. — M. Coville M. J. B., *maire.* — M. Quatrelivre A. A., *adjoint.* — *Conseillers municipaux :* MM. A. C. Hébert, A. Quatrelivre, M. J. B. Coville, D. Hébert, J. F. Legrand, J. B. Maillard, S. D. Lemaire, Marinier fils, J. B. Lefort, A. Thomas, A. Loddé, F. Barthélemy.

Vétheuil. — M. Finet L. F., *maire.* — M. Brault L. F., *adjoint.* — *Conseillers municipaux :* MM. J. H. A. Foucault, L. F. Finet, E. G. Finet, L. P. A. Alexandre, Lévesque fils, E. D. Pifera, L. A. Avisse, J. D. Clarot, G. A. Bréant, N. L. Bourgeois, A. Paillet, L. F. Brault.

Vienne. — M. Toutain L. A., *maire.* — M. Rabant L. S., *adjoint.* — *Conseillers municipaux :* MM. L. A. Toutain, F. A. Sébille, A. E. Toutain, L. S. Rabant, J. G. Lemoine, A. A. Guerbois, P. E. Onfray, E. B. Cousin, L. D. Desplanches, J. P. Kreibieg.

Villers-en-Arthies. — M. Trognon P. G., *maire.* — M. Fournier P. aîné, *adjoint.* — *Conseillers municipaux :* MM. Palluet, L. O. Labbé, A. Binay, L. A. Patrouilleaux, P. A. Fournier, H. N. Noyer, J. Pezet, A. J. Trognou, P. G. Trognon, E. P. Delahaye.

Wy dit Joli-Village. — M. Magnan C. E., *maire.* — M. Bouillette D., *adjoint.* — *Conseillers municipaux :* MM. D. Lecoq fils, D. F. Gruo, V. Bossu, D. Bouillette, J. A. P. Lefèvre, Ch. E. Magnan, A. Cardot, A. Gruo, Ch. Aubry, A. Trognon.

CANTON DE MANTES

Andelu. — M. Deberry C., *maire.* — M. Tremblay E., *adjoint.* — *Conseillers municipaux :* MM. J. B. Gilbert fils, J. B. Chicard, A. Potier, E. Tremblay, F. C. Thibault, A. Carlu, A. N. Gastelais, C. Deberry, C. F. Clérice, A. Guibourg.

Arnouville. — M. Harret J., *maire.* — M. Colas H., *adjoint.* — *Conseillers municipaux :* MM. J. Harret, E. Artus, M. Colas, C. A. Royer, H Colas, F. Bignault, F. Garnier, E. Garnier, V. Royer, Th. Messier, F. Cochin, J. Lefèvre.

Auffreville. — M. Lévesque Ch., *maire.* — M. Cacheux A., *adjoint.* — *Conseillers municipaux :* MM. Ch. Lévesque, A. Cacheux, D. Mallèvre, B. Devilliers, E. Cacheux, A. Lurois, E. Saussier, L. Gautier, F. Feuillet, F. Bellanger.

Boinville. — M. Vivier E., *maire.* — M. Chevrel L., *adjoint.* — *Conseillers municipaux :* MM. L. E. Broquet, A. Belland, E. Vivier, Th. Henry, L. Chevrel, L. E. Vivier, J. B. Hauducœur, J. C. Cuqu, J. Hallavant, Th. Cornu.

Boinvilliers. — M. Barat F. A. L., *maire.* — M. Barat L. A., *adjoint.* — *Conseillers municipaux :* MM. A. Dupuis, Fr. Fossé, J. Bieuville, F. A. L. Barat, D. Royer père, L. A. Barat, Félix Fossé, M. Baron, A. Legris, P. Gontier.

Breuil-bois-Robert. — M. Cacheux E. A., *maire.* — M. Gautier P. J. B. R., *adjoint.* — *Conseillers municipaux :* MM. A. Cacheux, E. Gautier, E. Volland, N. Gautier, P. Boulland, A. Genestre, Th. Enot, J. B. Vallot, L. C. Larcher, P. G. Lecomte.

Buchelay. — M. Jannot L., *maire.* — M. Lepied A. A., *adjoint.* — *Conseillers municipaux :* MM. L. Jannot, J. Journiac, T. J. L. Cacheux, O. E. Bieuville, L. Haumont, A. A. Lepied, A. L. V. Vathonne, J. B. Hébert, J. A. B. Lerous, A. Huvey.

Epône. — M. Adam C. V., *maire.* — M. Michel C. A., *adjoint.* — *Conseillers municipaux :* MM. Ch. V. Adam, V. Caftin, P. L. Puteaux, L. Carlu, A. Durand, J. B. Laroche, L. C. Guilbert, V. Henry, V. Masson, Th H. Cheval, C. A. Michel, Fr. Duchesne.

Falaise (la). — M. Gilbert C. M., *maire.* — M. Contentin J., *adjoint.* — *Conseillers municipaux :* J. Contentin, L. V. Thévenon, B. Fricotté, C. M. Gilbert, J. E. Cheval, V. F. Croiset, J. B. Contentin, D. Marais, J. B. Gilbert, Th. V. Fusils.

Flacourt. — M. Verrier S., *maire.* — M. Mantion L., *adjoint.* — *Conseillers municipaux :* MM. L. Mantion, A. Dantan, L. Héron, J. Dubois, S. Verrier, L. Vernet, P. Harang, F. Griot, F. Jannot, J. Jonot.

Gassicourt. — M. Masson V., *maire.* ✠ M. Réaubourg J. B., *adjoint.* — *Conseillers municipaux :* MM. J. B. Réaubourg, J. F. Rousel, Ch. Perrier, E. Lefèvre, J. J. Legrand, V. Masson, L. Rougeventre, E. Rougeventre, J. S. Legrand, E. Réaubourg, Boissel G.

Goussonville. — M. Renier G. A., *maire.* — M. Bignault A., *adjoint.* — *Conseillers municipaux :* MM. L. J. Vathonne, G. A. Renier, C. M. Boulland, M. Rousseau, A. Veillet, C. Sauzet, A. Thévenon, J. B. Frichot, D. Vavasseur, A. Bignaut.

Guerville. — M. Lecomte N., *maire.* — M. Beaucher A., *adjoint.*
— *Conseillers municipaux :* — MM. J. B. A. Beaucher, J. N. Lecomte, A. A. Cosson, C. A. Legrand, J. F. Brout, G. Gautier, J. B. P. Cosson, L. E. Larcher, J. C. M. Cosson, J. E. Turpin fils, P. M. Lefèvre, C. Cosson.

Jumeauville. — M. Thévenon V., *maire.* — M. Bonnin J. L., *adjoint.*
— *Conseillers municipaux :* MM. E. Lemoine, V. Thévenon, F. H. Guitel, L. Gontier, A. A. Thévenon, V. Varasseur, Th. Thévenon, J. L. Bonnin, A. D. Gourdet. G. Verrier.

Magnanville. — M. Jumel Ch., *maire.* — M. Royer J., *adjoint.* —
Conseillers municipaux · MM. E. Favrot, baron L. de Magnanville, Ch. Sakihwisck, M. Ch. Jumel, L. Souillard, J. B. Cosson, J. Royer, Ch. Barbier, Et. Jumel, G. Vassard.

Mantes. — M. Hèvre, *maire.* — MM. Lohy M. F., Denancy A. P., *adjoints.* — *Conseillers municipaux :* MM. H. C. Pinchon, Ch. N. Leguay, J. E. Petit, J. Hèvre, P. A. Cadiou, A. M. Viquesnel, A. P. Denancy, J. S. Héricourt, A. C. Gallois, A. Brouet, L. A. Dupré, G. Malbranche, J. L. F. Tison, M. F. Lohy, C. J. Pingot, L. Réaubourg, F. Carlu fils, L. J. Réaubourg, A. G. Fortelier, L. J. Godet, J. Th. Vavasseur, A. Beaumont.

Mantes-la-Ville. — M. Gautier C., *maire.* — M. Thiberville J. E., *adjoint.* — *Conseillers municipaux :* MM. A. Lefèvre, P. G. J. Petit, C. Gauthier, J. N. Bellemaire, A. Serre dit Mathias, L. H. Aulet, J. E. Thiberville, P. A. Jannot, H. Mauray, L. F. Boucher, E. Pottier.

Mézières. — M. Trinité E. A., *maire.* — M. Piot L. M. A., *adjoint.*
— *Conseillers municipaux :* MM. E. A. Trinité, L. M. A. Piot, J. Gravier, J. Lesieur, L. E. Lorée, P. Jouquet, J. Henry, E. Placet, L. David, L. Réal, P. E. Lainé.

Rosay. — M. Hamon F., *maire.* — M. Serville T., *adjoint.* — *Conseillers municipaux :* MM. Fr. Hamon, A. Lecomte, E. Veillet, F. Guerpin, L. Cotty, T. Serville, M. Partel. M. Leguay, S. Lapierre, E. Royer.

Rosny. — M. Cochin L. J., *maire.* — M. Letellier A., *adjoint.* —
Conseillers municipaux : MM. L. Bordelet, J. Cresté, L. Cochin, H. Vigereau, Ch. Aubert, A. Savarin, Ch. Tollay, A. Letellier, L. Costé, L. Hottot, J. Genevière. F. Mercier.

Soindres. — M. Thévenon J. B., *maire.* — M. Gautier St., *adjoint.* —
Conseillers municipaux : MM. J. B. Thévenon, E. Ledru, L. P. Jumel, J. Moraine, L. Legendre, F. A. Josseaume, A. Jumel, Th. Gautier, St. Gautier, V. Pelletier.

Vert. — M. Petit A., *maire.* — M. Delisle N., *adjoint.* — *Conseillers municipaux :* MM. A. Petit, D. Vacher, N. Jardinier, N. Delisle, S. Dellubé, E. Sosson, C. Boullant, J. L. Pigis, E. Ruaux, E. Mallèvre.

Villette. — M. Frichot A. E., *maire.* — M. Pigis E. D., *adjoint.* —
Conseillers municipaux : MM. D. M. Moreau, A. E. Frichot, C. M. Royer, E. D. Pigis, J. D. Fulbert, E. Godefroy, V. V. Sosson, D. C. Lecomte, E. G. Gosse, E. Feuillet.

LISTE DES COMMERÇANTS, INDUSTRIELS, ECT.

DE LA VILLE DE MANTES

Accordeur de pianos
Robert L. A., rue Royale, 59.

Armuriers-arquebusiers
Bernard A., r. Pte-aux-Saints, 52.
Escuyer A., r. Pte-aux-Saints, 12.

Articles de ménage
Chacou, Grande-rue, 42.
Lohy aîné, r. Royale, 17 et 19.
Lohy-Chevalier, rue de la Madeleine, 1 et 3.
Pillet, rue de l'Audience, 5

Assurances contre l'incendie
Aigle : Voitellier P., Marché au blé, 8.
Assurances générales : A. Hennin, rue Royale, 2.
Assurances mutuelles : Martin, rue Bourgeoise, 12.
Caisse générale agricole : Brun ✱, rue St-Pierre, 16.
Foncière : Montaudouin L. N., route de Mantes-la-Ville, 16.
Mutuelle de Rouen : Laubé, rue Saint-Roch, 12.
Nationale : Navelet, à Limay, r. du Vieux-Pont, 8.
Phénix : Le Charpentier, rue du Chemin de fer, 13.
Soleil : Voitellier H., Marché au blé, 8.
Union : Roisin, à Limay, rue du Cordier, 6.
Union nationale : Houbron, rue Porte-aux-Saints, 53.
Urbaine : Montaudouin, Marché aux veaux, 3.

Assurances diverses
Compagnie suisse : Roisin, à Limay, rue du Cordier, 6.

Foncière : Montaudouin, route de Mantes-la-Ville, 16.
Garantie fédérale : Montaudouin, route de Mantes-la-Ville, 16.
Mutuelle de Seine-et-Oise (Grêle): Hennin, rue Royale, 2.
Parisienne : Hennin, r. Royale, 2.
Seine : Hennin, rue Royale, 2.
Union nationale : Houbron, rue Porte-aux-Saints, 53.

Assurances sur la vie
Assurances générales : Hennin, rue Royale, 2.
Caisse gén. des familles : Vallet, rue St-Jacques, 8.
Crédit viager : Martin, rue Bourgeoise, 12.
Nationale : Navelet, à Limay, r. du Vieux-Pont, 8.
Phénix : Le Charpentier, rue du Chemin de fer, 13.
Soleil : Voitellier, Marché au blé, 8.
Union : Roisin, à Limay, rue du Cordier, 6

Aubergistes
Alluchon J., rue de la Pêcherie, 7.
Dariosecq C. D., r. des Pèlerins, 1.
Hamon J., place Rosny, 17.
Jouy Ch., place St-Maclou, 10.
Loup E., rue Cadotte, 1.
Réanbourg J. E., place Rosny, 5.
Wils, rue St-Pierre, 21.

Avoués
Boury G., rue Cadotte, 12.
Choppin P. H. J., rue de la Madeleine, 10.
Fortelier A. J. G., r. de Berry, 9.
Leveil L. C. H., r. des Halles, 4.

Bains

Jean A., rue de la Pêcherie, 20, et quai de la Tour.

Bandagistes

Geslot A. J. P., rue Royale, 46.
Levieil veuve, pl. St-Maclou, 17.

Banquiers

Cercueil E., place de Rosny, 8.
Pigis L. E., r. de la Madeleine, 6.

Bestiaux (commissionn. en)

Gréaume P. A., rue St-Pierre, 18.

Beurre (marchand de)

Huan J. P., place St-Maclou, 32.

Bijoutiers

Béhier E., rue Royale, 14.
Mérimée V., Grande rue, 35.
Roger E. L., rue Royale, 42.

Billards (fabr. de)

Grimber P, E., pl. de l'Etape, 7.

Bimbelotiers

Banès A., r. de la Chaussetterie, 5.
Marc, rue Royale, 57.
Thevenon J. L., rue de la Chaussetterie, 6.

Blanchisseurs

Allain, rue de l'Eglise, 2.
Armand-Fauconnier, rue de la Gabelle, 1.
Bedaine P. C. F., rue des Tanneries, 16.
Bourdet, rue des Ursulines.
Gracque (dit Laval) rue du Clos-Pinet, 2
Grosœuvre, rue Royale, 19.
Jouy, rue de la Pêcherie, 17.
Normand, r. Pte-aux-Saints, 19 bis
Noury, r. Blatière sur l'eau, 12.
Picard C. F., quai de la Vaucouleurs, 5.
Potiquet, rue des Ursulines, 12.

Bois de construction

Acolet A. J., chaussée du Pont.
Degonfreville, Fg St-Lazare, 19.
Guitel, rue St-Jacques, 2.

Bois de chauffage

Huré, route de Magnanville, 1.
Raoult E., rue Porte-aux-Saints, 32 et 34.

Boisselier

Provost J. A., Marché au blé, 14.

Bonneterie en gros

Cadiou, et Cie, rue de la Madeleine, 16.
Normand, rue de la Madeleine, 9.
Souty A., rue Porte-aux-Saints, 6 et 8.

Bouchers

Frichot V., rue Notre-Dame, 7.
Gommerat, Marché au blé, 1.
Holtz A., rue de la Gabelle, 26.
Jean A., rue Bourgeoise, 7.
Ledebt, rue Thiers, 41.
Leroy L., r. Porte-aux-Saints, 5.
Marinier E., rue des Halles, 9.

Boulangers

Aubel S., rue Thiers, 23.
Bertrand C. A., r. Bourgeoise, 36.
Dailly X, rue de la Mercerie, 3.
Guillomet F. R., Marché au blé, 3.
Lefèvre A. J., r. Notre-Dame, 20.
Mar A, rue Royale, 15.
Renoult L. J. B., rue Porte-aux-Saints, 2.
Rousseau L. E., rue Porte-aux-Saints, 17.
Thibault, rue de la Pêcherie, 8.
Trélin L., rue St-Pierre, 34.

Bourreliers

Alexandre J. A., rue Porte-aux-Saints, 20.
Bourlier L. D., rue Tellerie, 9.
Chevallier J. P., pl. de Rosny, 15.
Leclerc A., r. Porte-aux-Saints 36.
Quenehen P. J. C., rue Thiers, 18.

Brocanteur

Pons J., rue de la Pêcherie, 15.

Brossiers

Beurard J., rue de la Gabelle, 22.
Gallois L. J. E., place St-Maclou, 15.

Bureaux de placement

Rolland-Minier, r. Bourgeoise, 18.
Wils, rue St-Pierre, 21.

Camionneurs

Bergeron, rue St-Jacques, 1.
Grieux, rue Saint-Pierre, 20.

Chaises (fabr. de)

Durand L. E., place Saint-Maclou, 14.

Chandelles (fabr. de)

Sanselme, rue aux Bœufs.

Chapeliers

Coudert, rue Royale, 9.
Labouque A., place St-Maclou, 7.
Lelong, rue Saint-Pierre, 32.
Petit F. J., rue Royale, 30.

Charbons de bois

Bastid. A, r. Porte-aux-Saints, 12.
Gallois-Jannot, Marché au blé, 20.
Hagais C. F., Marché au blé, 10.
Legean P., rue Bourgeoise, 16.

Charbons de terre

Accard J, rue Saint-Pierre, 74.
Raoult E., rue Porte-aux-Saints, 32 et 34.

Charcutiers

Croizilles O. L., r. Bourgeoise, 22.
Fouet S., r. Porte-aux-Saints, 23.
Levard A., r. de la Mercerie, 10.
Manchelle, rue Royale, 11.
Michaux H. G. A., r. Porte-aux-Saints, 1.

Charpentiers

Bergeron A. V., r. du Clos aux Chevaux, 1.
Duchesne C. P., r. St-Pierre, 10.

Charrons-Forgerons

Brunet A., place de Rosny, 19.
Gaumont A., rue Saint-Jacques, 11.
Poussin N. A., rue St-Lazare, 4.
Saintard, rue St-Pierre, 9.
Truffaut A. F., rue des Halles, 1.

Chaussures en gros

Souty A., rue Porte-aux-Saints, 6 et 8.

Chaussures au détail

Charlot, rue Thiers, 40.
Cordier E., rue Royale, 31.
Letort J. D., rue Thiers, 27.
Placet H. P. F., pl. de l'Hôtel-de-Ville, 9.

Chevaux (march. de)

Guibert F. J. B., r. aux Bœufs, 1.

Chiffons (march. de)

Bertin, rue St-Pierre, 66.
Chandezon M., r. de la Perle, 7.
Delbeix P., rue St-Lazare, 3.

Coiffeurs

Coudert. rue Royale, 9.
Gasquin, rue Thiers, 16.
Lécuyer A. G., r. Bourgeoise, 30.
Lelong, rue St-Pierre, 32.
Monet A., r. Porte-aux-Saints, 15.
Moyence L., r. Pte-aux Saints, 29.
Poitte A. F., rue Royale, 23.
Solas F. A., rue Royale, 46.

Commissionnaire

Guédon A., rue du Chemin de fer, 58.

Cordiers

François, rue Bourgeoise, 28.
Vincent J, Marché au blé, 7.

Cordonniers

Bénard A. E., rue Royale, 23.
Brendeau A. L., rue Porte-aux-Saints, 3.
Habrekorn L. E., place Saint-Maclou, 31.
Hesnard A., r. de l'Audience, 1.

Corsets (fais. de)

Chausson, r. Boutin-Bourjalin, 17.

Couleurs et vernis

Germaine jeune, rue Porte-aux-Saints, 35.
Leperle C., Marché au blé, 15.

Couteliers

Bailly P. L., rue Royale, 32.
Tissandier P., rue Porte-aux-Saints, 22.

Couturières

Bellière C. r. Porte-aux Saints, 46.
Blondeau, rue Royale, 4.
Escuyer C., r. Pte-aux-Saints, 66.
Jouy C., rue Thiers, 4.
Lallemand, rue de la Sangle, 16.
Launay, place St-Maclou, 6.
Le Charpentier, rue du Chemin de fer, 13.
Marquet A., place de l'Hôtel de ville, 5.
Picard Z., rue de la Mercerie, 15.
Pouchin D. V., pl. St-Maclou, 11.
Postel, rue Porte-aux-Saints, 14.
Richard M., rue Thiers, 38.
Savoye, rue Royale, 47.

Couveuses artificielles

Voitellier frères, Marché au blé, 8.

Couvreur

Lamy M. A., r. des Ursulines, 1.

Cuirs et crépins

Lamarre Ve, r. de l'Audience, 1.
Marillier-Fournier (veuve), rue des Halles, 12.

Eaux gazeuses (fabr. d')

Champeau P., r. Bourgeoise, 6.
Masson, rue de la Sangle, 27.

Ebénistes

Drouet N., rue Royale, 41.
Dutrésor M. C., rue des Martraits, 12.
Labrousse J. J. N., rue du Marché aux veaux, 3.

Engrais

Brasil A., quai des Cordeliers, 5.
Degonfreville, r. Fg St-Lazare, 19.
Deschamps, r. de la Mercerie, 6.
Flambert, rue St-Pierre, 25.
Guitel, rue St-Jacques, 2.
Hennin A., rue Royale, 2.
Larmurier, r. Pte-aux-Saints, 16.
Leperle C., Marché au blé, 15.
Pigache, rue Royale, 49.
Pillet, rue de l'Audience, 5.

Entrepreneurs de maçonnerie

Boitheauville, r. des Tanneries, 10.
Chemin L. A., rue St-Pierre, 86.
Chemin L. M., rue Porte-aux-Saints, 66.
Lécuyer A. A., rue Porte-aux-Saints, 68.
Paris V. P., rue de la Chaussetterie, 1.
Réaubourg L., r. St-Jacques, 15.
Thorelle fils, r. de la Gabelle, 11.

Entrepreneurs de peinture

Beudon P. V., r. de la Gabelle, 13.
Dumesnil E. F. E., rue Porte-aux-Saints, 11.
Duval L. C., place de l'Hôtel-de-Ville, 1.
Gascoin L. O., rue des Halles, 5.
Guerville H, rue Thiers, 31.
Larcher L. C., rue de Berry, 5.
Lécuyer, H. D., rue Porte-aux-Saints, 56.

Epicerie en gros

Lacroix, rue Royale, 5.
Rouvel, rue Porte-aux-Saints, 12.
Viquesnel, Marché au blé, 2.

Epicerie au détail

Alexandre (veuve) r. St.-Pierre, 14.
Aufray, rue Porte-aux-Saints, 55.
Bénard A., rue Thiers, 43.
Chemin L., rue Royale, 3.
Cretin J. B., r. de la Pêcherie, 29.
Debras, r. Porte-chant-à-l'Oie, 11.
Denis J. L. C., rue Thiers, 53.

Fosse E. D., rue St-Pierre, 40.

Gaudet J., rue Porte-chant-à-l'Oie, 5.

Germaine aîné, rue Royale, 13.

Germaine jeune, rue Porte-aux-Saints, 35.

Héloin A., rue de la Sangle, 8.

Huan J. B. H., rue Royale, 43.

Jannot J. A., r. Porte-aux-Saints, 7.

Lechasseur A. J. B., rue Saint-Pierre, 4.

Mary C. C., rue Royale, 51.

Métayer M. H., r. St-Pierre, 5.

Muttot, rue Royale, 7.

Petit L., rue Royale, 29.

Pigache J. E. G., rue Royale, 49.

Pihan, rue aux Bœufs, 19.

Potel, rue de la Mercerie, 2.

Vavasseur J. F., rue Porte-aux-Saints, 25.

Faïenciers

Dupré F. A., rue de la Boulangerie, 12.

Fosse, rue Saint-Pierre, 40.

Noyers F. X., rue au Lait, 2.

Perrier J. F. N., r. des Halles, 14.

Placet F. D., place St-Maclou, 3.

Ferrailleur

Pequeux F. C., r. Blatière, 20.

Fers (march. de)

Bertheuil V., rue Porte-aux-Saints, 39.

Fondeur de fer

Crèvecœur et Gaschet fils, r. de la Brasserie, 12.

Fripiers

Guy, place de l'Étape, 5.

Lacroix, rue de la Boulangerie, 6.

Fromages (march. de)

Huan, place St-Maclou, 32.

Jannot D. L., r. de l'Audience, 2.

Maxime, rue Porte-aux-Saints, 15.

Frotteurs

Delgay (dit Joanny) rue Notre-Dame, 5.

Vial L. H., rue Sausseuse, 5.

Fruitiers

Beaucher E., r. de la Mercerie, 5.

Dechamps C., rue Royale, 61.

Fauque, rue du Vieux Pilori, 7.

Héron L. N. S., rue Thiers, 51.

Laporte A. E., rue Royale, 11.

Lebertre A, rue de la Madeleine, 3.

Meunier L. D., rue St-Pierre, 17.

Mongison C., rue Porte-aux-Saints, 29.

Moussard, rue Royale, 5.

Perrier J. S., rue des Halles, 7.

Fumisterie

Lohy aîné, rue Royale 17 et 19.

Pradier G. J., rue du Vieux Pilori, 5.

Rossi, rue Thiers, 38.

Grainetiers

Gallois A. C., Marché au blé, 20.

Larmurier J. A., rue Porte-aux-Saints, 48.

Horlogers

Béhier L. E., rue Royale, 11.

Guillemer C. A., place de l'Hôtel de ville, 11.

Mérimée V., rue Thiers, 35.

Roger E. L., rue Royale, 42.

Hôtels

Bon Laboureur (le), rue Porte-aux-Saints, 24.

Grand cerf et Cheval blanc, (réunis), place de Rosny, 6.

Rocher de Cancale (le), r. Royale, 32.

Soleil d'or (le), r. St-Pierre, 15.

Huissiers

Delaunay, r. de la Madeleine, 11.

Drouest, place de Rosny, 2.

Legrand, rue Thiers, 3.
Loret, rue de la Madeleine, 24.

Imprimeur-typographe
Robin, rue aux Pois, 4.

Institutions de jeunes filles
Dames Bénédictines, Fg Saint-Lazare, 12.
Loddé, rue Notre-Dame, 18.
Naslin, place de l'Etape, 1.

Institutions de jeunes gens
Hamelin A. F., rue de la Sangle, 25.
Hébert, rue aux Pois, 10.

Instruments à vent (fabric. d')
Goumas, rue de la Madeleine, 5.

Jardiniers
Boucher J. A., rue du Moulin, 4.
Chatet A. L., r. de la Gabelle, 2.
Chrétien J. B. A., rue d'Ardennes, 8.
Ménager, rue des Martraits, 3.
Turlure (Vincent), r. du Moulin, 3.
Vavasseur, rue Boulin-Bourjalin, 23.

Jardiniers-pépiniéristes
Lambert F., place de l'Etape, 6.
Leroux F., rue des Casernes, 15.
Masson O., r. de la Mercerie, 6.
Vallon, quai de la Vauconleurs, 3.

Jouets (march. de)
Le Charpentier (veuve), rue de l'Audience, 3.
Marquet, place de l'Hôtel de ville, 5 et 7.

Lavoirs
Defer V. F., quai Fayol.
Desert, quai de la Vauconleurs.
Jouy (veuve), r. d'Arnouville, 15.
Picart-Defer, quai de la Vauconleurs, 5.

Leçons de musique
Kœnig, rue de la Gabelle, 6.
Nicolini (Mme), rue Royale, 51.

Leçons particulières
Brendeau (MMelles), rue Porte-aux-Saints, 43.
Noiret, Marché au blé, 15.
St-Paul (Mme), rue Gâtevigne, 6.

Libraires
Beaumont A., rue Royale, 25.
Deschamps, rue de la Mercerie, 6.
Josten G. place de l'Hôtel de ville, 2.

Limonadiers
Camus, Marché au blé, 7.
Clain F. T., rue St-Pierre, 13.
Coquart, rue Porte-aux-Saints, 13.
Cosson, Fg St-Lazare, 25.
Couvet P., rue Royale, 37.
Dupuis, place de Rosny, 11.
Flambert F. D., rue St-Pierre, 25.
Goupillon E., rue Porte-aux-Saints, 31.
Grieux E. E., rue St-Pierre, 20.
Grimber P. H., r. de l'Etape, 7.
Havet G., rue Royale, 60.
Kelberger M., rue du chemin de fer.
Koch C. A., Marché au blé, 7.
Messeaux L. H., rue de la Gabelle, 20.
Olivier C. T., rue aux Bœufs, 6.
Peaugé, pl. de l'Hôtel de ville, 4.
Quinet, rue Royale, 22.
Réaubourg J. A., rue de la Madeleine, 17.
Rohaut (veuve), rue Royale, 53.
Toupillier A. A., Marché au blé, 15.

Lingerie
Certain, rue du Vieux-Pilori, 9
Charlot, rue Thiers, 10.
Chenevier M. A., rue Thiers, 30.
Denancy, rue Porte-aux-Saints, 4.
Denis, rue Porte-aux-Saints, 58.
Dufour (veuve), rue Thiers, 17.
Durand (veuve), rue Thiers, 14
Gasguin, r. Porte-aux-Saints, 16.
Gasguin Th., rue Royale, 27.

Gresset, r. Porte-aux-Saints, 28.
Josset, rue Royale, 17.
Le Charpentier (veuve), rue de l'Audience, 3.
Leroux (veuve), rue Royale, 30.
Marquet pl. de l'Hôtel-de-Ville, 5.
Miquet, rue de la Mercerie, 7.

Maraichers

Fricotté L., r. de la Brasserie, 8.
Gasguin J. F., r. de la Gabelle, 22.

Maréchaux-ferrants

Soulas F., r. St-Pierre, 30.
Valdestin F. A., Marché au blé, 25.

Mareyeurs

Andreau J. N., rue de la Mercerie, 13.
Porcher J. F. G., Marché au blé, 12.

Matelassiers

Coquelin, rue de la Gabelle, 3.
Lepaurré B. E., rue Boutin-Bourjalin, 14.
Nicolas E., r. St-Jacques, 3.
Pongibaud, rue des Pèlerins, 8.

Mécaniciens

Dorion, rue Saint-Pierre, 83.
Volant, rue des Halles, 1.

Médecins

Bihorel, rue de la Gabelle, 18.
Bonneau, rue de la Madeleine, 4.
Drouet, rue Notre-Dame, 15.
Regnier, rue d'Artois, 1.

Mégissier

Hervé C., rue des Tanneries, 8.

Menuisiers

Allain P. E., pl. Notre-Dame, 15.
Chardet L. C., rue au Lait, 5.
Chardon E., rue de la Sangle, 9.
Cosson G., rue St-Pierre, 68.
Dariosecq M. L., rue de la Gabelle, 21.

Jouy E. M., rue Thiers, 1.
Leclerc E. L., rue Porte-aux-Saints, 19.
Lecoq A., r. Pt.-aux-Saints, 50.
Lelasseur J. P., rue de Maurepas, 9.
Leroy A., rue de la Gabelle, 3.
Réaubourg F. L., rue de la Madeleine, 9.

Mercerie en gros

Jannot H., Grande rue, 37.
Marchand A., rue de la Madeleine, 9.
Souty A., rue Porte-aux-Saints, 6 et 8.

Mercerie au détail

Denancy, rue Porte-aux-Saints, 4.
Dufour H., rue Thiers, 13.
Durand E., rue Thiers, 14.
Giroux (veuve), rue Royale, 21.
Godet, L. J., rue Royale, 37.
Josset, rue Royale, 47.
Marquet, pl. de l'Hôtel-de-Ville, 5.
Miquet H. F., rue de la Mercerie, 7.
Volant, rue des Halles, 5.

Métreur

Paris A. V., r. Boutin-Bourj., 1.

Meubles

Drouet N., rue Royale, 11.
Leguay L. A., rue Thiers, 31.

Meuniers

Briquenolle L., r. des Tanneries, 14.
Désert (veuve), r. de la Sangle, 1.
Lereffait F. A., rue des Tanneries, 17.

Modes

Chenevier, rue Thiers, 30.
Clérambourg M., rue Porte-aux-Saints, 19.
Durand E., rue Thiers, 14.
Gasguin Th., rue Royale, 27.

Gresset, rue Porte-aux-Saints, 28.
Josset, rue Royale, 17.
Lelasseur, rue de la Mercerie, 1.
Niquet, rue de la Mercerie, 7.
Tessier, pl. Saint-Maclou, 26.

Notaires

Brault, rue Saint-Pierre, 9.
Dreux, rue Thiers, 5.
Hébert, rue Saint-Pierre, 6.

Nouveautés

Aubry, rue Thiers, 21.
Jouy, place du Marché, 21.
Leprévost, place St-Maclou, 13.
Leroquais, rue Royale, 10.
Verney, rue Royale, 16.

Orfèvres

Béhier, rue Royale, 41.
Mérimée, rue Thiers, 35.
Roger, rue Royale, 12.

Parapluies (march. de)

Bailly (veuve), rue Royale, 36.
Caret J., rue Royale, 26.

Pâtissiers

Brie A., place St-Maclou, 28.
Lecompte C., rue Royale, 4.
Norin H. E., rue Thiers, 43.

Paveurs

Delassaux F., rue St-Louis.
Feneyrol, rue de la Pêcherie, 21.

Peintres en voitures

Jannot C. M., rue des Casernes, 2.
Marchand, route de Magnanville, 9.
Monet A. J., r. St-Pierre, 37.

Pharmaciens

Baucher J., rue Royale, 51.
Croutelle, place St-Maclou, 36.
Grave, rue de la Mercerie, 11.
Lecureur, rue Royale, 21.

Photographes

Asselin J. E., rue d'Artois, 3.
Taluffe, r. Porte-aux-Saints, 58.

Pianos (facteur de)

Robert L. A., rue Royale, 59.

Plâtriers

François A. F., rue de la Pêcherie, 16.
Legendre, quai Fayol, 2.

Plombiers-zingueurs

Chacou F. rue Thiers, 42.
Lecoq J. F., rue Thiers, 39.
Lohy aîné, rue Royale, 17 et 19.
Tirlet L. G., rue Royale, 59.

Poêliers

Lohy aîné, rue Royale, 17 et 19.
Pradier G. J., rue du Vieux-Pilori, 5.
Rossi, rue Thiers, 38.

Pompes en bois (fabriq. de)

Amette J. V., rue de la Heuse, 3.

Porcs (march. de)

Gibert M., rue Dammartin, 10.

Quincaillerie

Lohy-Chevalier, rue de la Madeleine, 1 et 3.
Pillet E., rue de l'Audience, 5.

Relieurs

Beaumont, rue Royale, 25.
Josten, pl. de l'Hôtel-de-Ville, 2.
Thevenon J. L., rue de la Chaussetterie, 6.

Ramonage (entrepr. de)

Coudevas, impasse de la Folie.
Gonthier M., rue du Fort, 21.

Rouelles de charrues

Bornet J., rue du Chemin de fer, 15.

Scieurs de bois

Boissel, rue Notre-Dame, 16.
Jouy, rue Bourgeoise, 28.

Scieur de long

Régis Desgeorge, rue des Martraits, 15.

Selliers-Carrossiers

Brunet A., place de Rosny, 19.
Lefebvre C. P., r. des Halles, 6.

Serruriers

Collignon, rue de la Madeleine, 29.
Malaurie J., pl. St-Maclou, 11.
Piquet J. V., rue Thiers, 26.
Robert A. P., r. d'Ardennes, 17.
Sassiat P. J. rue Cadotte, 6.

Tabacs (débits de)

Bellière M., r. Pte-aux-Saints, 46.
Certain (veuve), rue Royale, 50.
Germaine, rue Royale, 13.
Pérand H. J., rue St Pierre, 22.
Potel L. L., rue de la Mercerie, 2.
Vavasseur, r. Pte-aux-Saints, 25.

Taillandier

Philippe J., r, Pte-aux-Saints, 20.

Tailleurs

Degonfreville E., rue Notre-Dame, 3.
Drach M., rue de la Chaussette-rie, 8.
Hannoyer H., rue des Halles, 8.
Launay V., place St-Maclou, 1.
Tranquet J. B., r. de la Heuse, 1.
Vivien L. S., rue Royale, 49.
Yvalun P. D., rue Porte-aux-Saints, 49.

Tailleurs de pierres

Choquet frères, rue Porte-aux-Saints, 65.
Hervé E., rue de Dammartin.

Tanneur

Leguay Ch., r. des Tanneries, 4.

Tapissiers

Drouet N., rue Royale, 41.
Fosset, rue de la Gabelle, 22.
Leguay L. A., rue Thiers, 31.

Teinturiers

Granget L., rue Thiers, 32.
Morge J., rue Thiers, 20.

Tissus et confections, en gros

Cadiou et Cie, rue de la Madeleine, 16.
Legros-Testard, rue aux Pois, 1.
Petit-Delahaize, rue Royale, 4.

Tissus au détail

Chauvin, rue Thiers, 33.
Chemin, rue de la Mercerie, 8.
Jouy H., pl. St-Maclou, 21.
Leclerc G. A., rue Porte-aux-Saints, 22.

Tonneliers

Boucher H., rue Gâtevigne, 26.
Boucher P. D. J., place de l'Etape, 3.
Etienne N., r. Bourgeoise, 3.
Placet L. P., rue de la Boulangerie, 8.
Raffignon L. J., Marché aux veaux, 3.
Robert C., pl. St-Maclou, 16.

Tourneur

Fontaine H., pl. de Rosny, 5.

Traiteurs

Girard H. A., Marché au blé, 19.
Lamaury, Marché au blé, 11.

Tripier

Lestard, rue du Fort, 11.

Usine à gaz

Amaury (directeur) r. des Cordeliers.

Vanniers

Gascard H. F., rue Porte-aux-Saints, 26.
Groult C. P., r. des Pèlerins, 3.
Masson L. F., rue Thiers, 22.
Oréro G. L., r. du Vieux Pilori, 3.

Vérificateur des poids et mesures

Duchez J. B. A., r. aux Bœufs, 5.

Vétérinaire

Simonnet A. S., faubourg Saint-Lazare, 3.

Vidanges (entrepr. de)

Brasil, quai des Cordeliers.
Turlure (Vincent), r. du Moulin, 3.

Vins et spiritueux

Blin, rue Saint-Pierre, 26.
Enol, rue St-Jacques, 9.
Languin et Cie, rue Saint-Jacques, 23.

Masson, rue de la Sangle, 27.
Simon, rue aux Bœufs, 21.

Voitures à volonté

Apoil F. A., rue Bourgeoise, 33.
Delaval P. A., r. Bourgeoise, 13.
Védé A., rue de la Madeleine, 22.

Voitures publiques

Apoil F. A., rue Bourgeoise, 33.
Védé A., rue de la Madeleine, 23.

Volailles (march. de)

Levêque, r. Porte-aux-Saints, 21.
Pinard A., r. de la Mercerie, 9.

SUPPLÉMENT
Additions, Changements, Mutations, Errata

Pages.

11. **CONSEIL D'ARRONDISSEMENT.**
En 1877, vu le caractère spécial de la session du mois d'août du conseil général, les conseils d'arrondissement n'ont pas été convoqués à l'époque réglementaire, mais bien le 19 et le 20 décembre. — En 1878, ils se sont assemblés le 23 septembre.
Les *Délégués sénatoriaux* ont été nommés le dimanche 27 octobre 1878; les élections sénatoriales auront lieu le 5 janvier 1879.
ÉLECTEURS.
L'électeur politique ne prend part à l'élection des députés que s'il a six mois de résidence dans la commune avant la clôture des listes électorales.
ADMINISTRATION DÉPARTEMENTALE.

12. *Conseiller de préfecture:* M. Monestier, ✱, ✪ A, rue de la Pompe, 2 ter, en remplacement de M. Coutant.

13. *Chef du 1er bureau de la 2e division:* M. M. P. Raymond, en remplac. de M. Arnoux.

15. (ligne 4) au lieu de *renoucellemel* lire *renoncellement.*

15. *Secrétaire de la sous-préfecture:* M. N....., en remplac. de M. Masson.

40. CHEMINS VICINAUX: au lieu de *Expéditionnaire,* lire *Agent-voyer surnuméraire:* M. Renout.

41. HOSPICES DE MANTES.
M. Voland, ancien commis-greffier, est nommé administrateur en remplacement de M. Lecarpentier, décédé. — MM. Grandjean et Seray ont donné leur démission, mais ne sont pas encore remplacés.

43. *Hôpital de Houdan.*
M. Legoux remplace M. Marc dans ses fonctions de receveur.

44. *Hôpital de Magny.*
Magny possédait anciennement une maladrerie (1585). Le 27 septembre 1665, une assemblée des notables de la ville supprima l'établissement où les voyageurs pauvres trouvaient un asile et décida la fondation d'un Hôtel-Dieu. Les fonds de la *maison des pauvres* furent attribués à l'hôpital. — Au lieu de J. B. Paul, *curé de Houdan,* lire *curé de Magny.*

45. BUREAU DE BIENFAISANCE DE MANTES.
Mêmes changements que dans l'administration des hospices.

Pages.

Pages.

Fondé de pouvoirs : M. Joffriand.

61-67. Percepteurs :
A Bréval, M. V. Masson ; — à La Villeneuve, M. Pigeon ; — à Villette, M. Viollet, ✳.

73. Conservateur des hypothèques : M. Aigoin, rue aux Pois, 4.

75. Contributions indirectes.
Commis principal adjoint (Magny) : M Grillon, en remplac. de M. Mouillebec.
Receveur ambulant (Septeuil) : M. Dufosse, en remplacement de M. Guais.

75. Octroi de Mantes.
Brigadier : M. Goujon, en remplacement de M. Gervais.

86-87. Service télégraphique.
Employé : M. Pinçon, en remplac. de M. Lepiez.
La taxe des dépêches télégraphiques, à l'intérieur, est de cinq centimes par mot, avec un minimum de 50 centimes. (Loi du 21 mars 1878).

91-94 Instituteurs et institutrices :
A la Plagne, M. Leblond ; — à Mézières, Melle Pertin ; — à Rosay, M. Larcher ; — à Bonnières, M. Anquetin ; — à Fontenay-Mauvoisin, M. Maison ; — à Clachaloze, M. Rabache ; — à Mousseaux, M. Rougeaux ; — à Neauphlette, M. Landré ; — à Gargenville, Mad. Peltier ; — à Jambville, M. Royer ; à Ambleville, M. Canus ; — à Banthelu, M. Lesueur ; — à Montreuil, M. Roger ; à Saint-Clair-sur-Epte, M. Jean-Rémy.

100. Agriculture.
Le 2 juin 1878 avait lieu à Houdan un concours de volailles mortes et vivantes.
Le 30 du même mois, à Epône, concours organisé par les soins du comice agricole. Lauréats principaux : MM. Bossu, Gondet, Hallay, Ledru, Mercier, Pihan et Toutain.
Enfin, les derniers jours de septembre 1878, troisième exposition de la Société d'agriculture et d'horticulture de Magny. Lots nombreux de fleurs, de fruits, de légumes ; bestiaux, volailles, outillage agricole. Les 4 prix d'honneur ont été obtenus par des exposants de notre arrondissement : M. Leroux (Mantes), M. de Magnitot (Saint-Gervais), M. Rohard, jardinier à Magnitot, M. Voitellier (Mantes). — Un 1er grand prix a été décerné à M. Coussinet, (Mantes) ; un 2e grand prix, à M. Pihan, (Villarceaux) ; MM. Lemoine (Monticent), Guignet (Magny), Bertheaume, gérant chez M. de Magnitot, Anette fils (Magny), Yolant (Mantes), et Jean Alfred (aux Boves de Magny), ont remporté chacun un 3e grand prix.

101. Caisse d'épargne.

Nous venons de nommer les ingénieurs ; indiquons les mutations dans le personnel des conducteurs :

Conducteurs de 2e classe : MM. Bicheure, à Port-Villez.
Dupuis, à Mantes.
Lapeyruque, à Mantes.
Vallée, à Mantes.

Conducteurs de 3e classe : MM. Després, à Limay.
Leroy, à Mantes.
Maison, à Port-Villez
Thomas, à Mantes.

Conducteurs de 4e classe : MM. Gagneau, à Port-Villez.
Lambert, à Mantes.

Employé secondaire : M. Larcher, à Mantes.

ARCHITECTE DE LA VILLE DE MANTES : M. Lemoine, agent-voyer du canton de Mantes, en remplacement de M. Dupuis.
COMMERÇANTS ET INDUSTRIELS.

M. Gallois, *brossier*, demeure actuellement rue du Chemin-de-fer.

M. Charlot, march. de chaussures, s'est installé place Saint-Maclou, 15, dans l'ancien magasin de M. Gallois.

Melle Richard, couturière, rue Thiers, a quitté le no 38 pour le no 40.

Ajouter aux deux maraîchers cités, M. Ménager, rue des Martraits, 3.

March. de parapluies : M. Carel, et non Carel.

Voitures à volonté : ajouter M. Prodhomme, rue St-Pierre, 22.

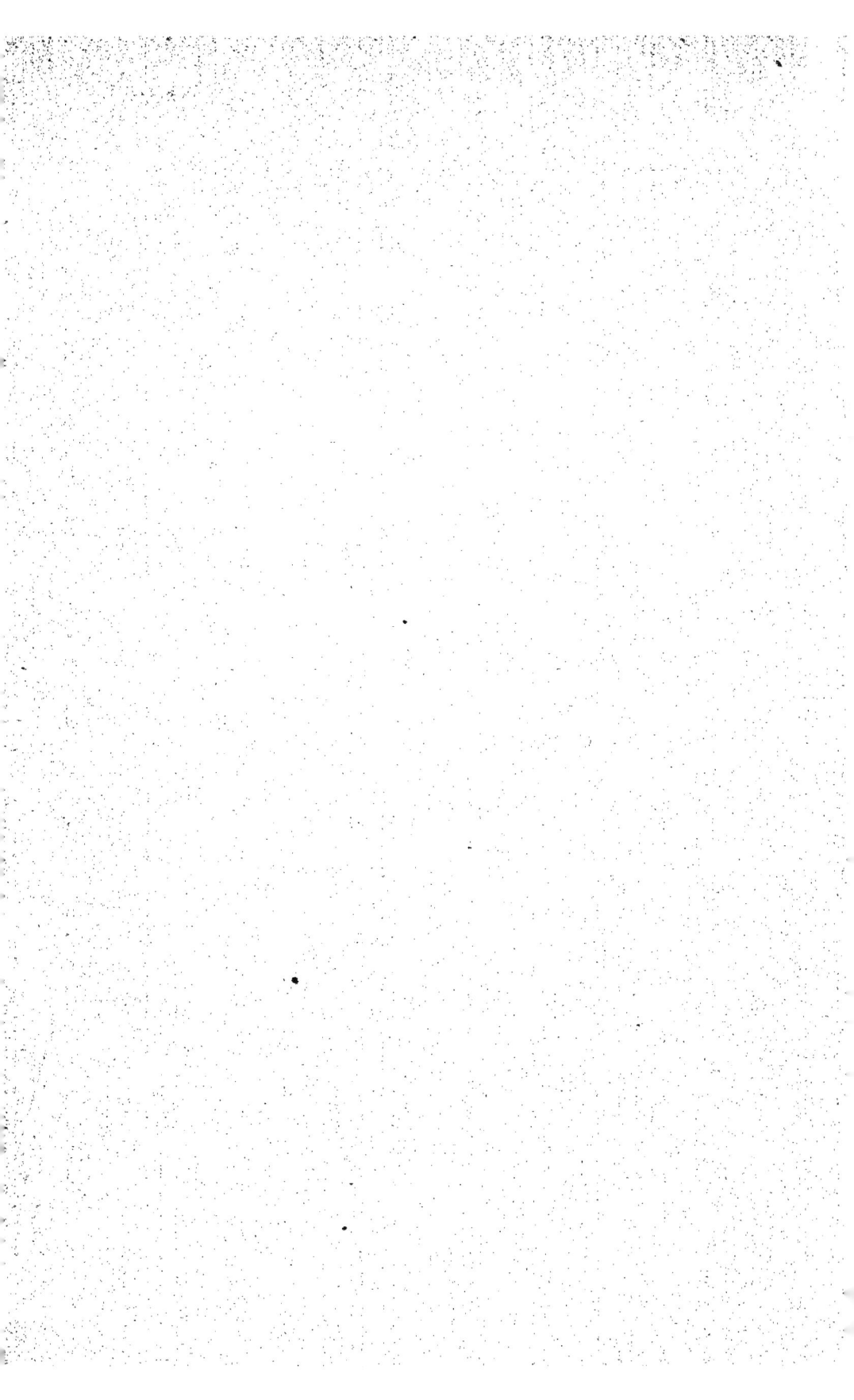

ANNONCES

17 mai

L'AIGLE

COMPAGNIE D'ASSURANCES A PRIMES FIXES

CONTRE

L'INCENDIE

LA FOUDRE, L'EXPLOSION DU GAZ

ET DES

APPAREILS A VAPEUR

Autorisée par ordonnance royale du 18 Mai 1843

ADMINISTRATION

Rue de Châteaudun, 44, à Paris

AGENT GÉNÉRAL

VOITELLIER

8, Place du Marché au Blé, 8

MANTES

COMPAGNIE D'ASSURANCES GÉNÉRALES

CONTRE L'INCENDIE

ET

SUR LA VIE

RUE DE RICHELIEU, 87

FONDÉE EN 1819

Fonds de garantie pour les deux branches :

FR. 236.820.770.16

AGENCE PRINCIPALE DE MANTES

A. HENNIN

A MANTES, RUE ROYALE, 2

CAPITAUX ASSURÉS EN 1877

Contre l'Incendie : 12 milliards 500 millions.

Sur la Vie : 55 millions.

RENTES VIAGÈRES

Constituées en 1877 : Fr. 1,145,331,90.

1878

CAISSE GÉNÉRALE
Des Assurances agricoles

ET

DES ASSURANCES CONTRE

L'INCENDIE
SOCIÉTÉ ANONYME

CAPITAL SOCIAL :

DOUZE MILLIONS DE FRANCS

Conseil d'administration :

Président : M. N...

Vice-présidents : { MM. Le baron de Livois, ✳.
Charles Le Cesne.

Secrétaire : M. Labrousse, ✳, propriétaire.

Membres

MM. Bayvet, propriétaire.
Bucher de Chauvigné, propriétaire.
Colmet-d'Aage, notable commerçant.
Denonvilliers (M.) maître de forges.
Gamard, propriétaire.

MM. Hébrard, propriétaire.
Joseph Imbs, ingénieur civil.
le baron de Laborde.
Milcent.
A. E. Portalis.
Léon Saillard,
Roblin, propriétaire.

Directeur : M. F. De La Haye

DIRECTEUR A MANTES M. J. BRUN ✳,

Capitaine de Gendarmerie en retraite, rue Saint-Pierre, 16

ADMINISTRATION GÉNÉRALE
rue de Grammont, 28 et 30
PARIS

LOHY

FERBLANTIER-LAMPISTE

Rue Royale, 17 et 19

A MANTES, SEINE-ET-OISE

ARTICLES DE MÉNAGE, POELES, CALORIFÈRES, CHEMINÉES

Panneaux, Chassis

PLAQUES ET TUYAUX EN FONTE

CHAUDRONNERIE, ÉTAMAGE

COUVERTURE ET PLOMBERIE

Pour l'Eau et pour le Gaz

RÉSERVOIRS - BAIGNOIRES - POMPES

ASSURANCES SUR LA VIE

RENTES VIAGÈRES

INCENDIE — GRÊLE

ACCIDENTS DE CHEVAUX ET DE VOITURES

Bris de Glaces

MORTALITÉ DES BESTIAUX

Responsabilité civile des accidents

causés par les explosions

DES GÉNÉRATEURS A VAPEUR

Alphonse HENNIN

MANTES, rue Royale, 2

Engrais chimiques H. JOULIE

SYSTÈME GEORGES VILLE

PRODUITS CHIMIQUES POUR ENGRAIS

SUPERPHOSPHATES

Le titre en est garanti sur analyse

Alphonse HENNIN

Représentant de la société anonyme

des Produits chimiques agricoles.

MANTES, RUE ROYALE, 2.

CHARBONS ET COKE

RAOULT, Succ. de J. DELORME

A MANTES, rue Porte-aux-Saints, 34

Charbons de bois — Bois de corde

P. GOUMAS ET Cie

FABRICANTS D'INSTRUMENTS DE MUSIQUE

A MANTES (Seine-et-Oise)

Et à Paris, Passage du Grand-Cerf, 18 et 20

Entrepôt général de Vins et Spiritueux

C. DENIZE Fils

DISTILLATEUR-LIQUORISTE

A MEULAN

Si les produits de ma fabrique sont reconnus supérieurs à tous ceux du commerce en général, c'est que l'étendue de mes magasins me permet de ne livrer mes liqueurs qu'après une longue fabrication; c'est l'âge qui leur donne ce moëlleux, cette délicatesse de parfum, cette exquise finesse qui les distinguent et les font apprécier et préférer des consommateurs.

Mes vins fins et mes vins de liqueurs ne sont également livrés à la consommation qu'après un long séjour en fût et en bouteille.

Si mes punchs, que je fabrique tout spécialement, ont pris une place si importante dans la consommation, elle est due à leurs qualités exceptionnelles sans égale.

Pour les bals et soirées, mes punchs au lait, au thé, au café, dont je suis l'inventeur et le seul fabricant, sont destinés à remplacer toutes les autres boissons rafraîchissantes, parce qu'elles en possèdent tous les agréments sans en avoir les inconvénients pernicieux. Ces punchs pris à la glace, après avoir procuré le bien être d'une délicieuse fraîcheur, par leur principe spiritueux produisent sur l'économie une réaction salutaire qui neutralise les effets trop souvent funestes du refroidissement intérieur, dont toutes les boissons glacées sont généralement la cause.

Accidit, qui non servat.

ÉMILE CARTIER

INGÉNIEUR-CONSTRUCTEUR

NASSANDRES

(EURE)

Construction d'Appareils

BREVETÉS S. G. D. G.

ENSACHOIR à l'aide duquel un homme *tout seul* peut emplir des sacs.

TRÉMIE avec ouverture verticale permettant un pelletage et un ensachage *très-rapides*.

SEMOIR A BETTERAVES à trois rangs, avec socs et rouleaux *articulés*, et caisse *mobile*.

ARRACHEUR DE BETTERAVES, soulevant deux rangs à la fois, sans retourner la terre.

S'adresser
pour renseignements et commandes
à M. Emile CARTIER
INGÉNIEUR-CONSTRUCTEUR A NASSANDRES
Et à M. ALPHONSE HENNIN, à Mantes, rue Royale, 2
Voir à l'Exposition universelle, classes 51 et 52.

MAGNY-EN-VEXIN (SEINE-ET-OISE). Imp. O. PETIT ET Cⁱᵉ